超入門

建築法規

イラスト解説による

（第五版）

永井孝保・野口則子著

市ケ谷出版社

第五版出版にあたって

　本書は 2016 年 3 月に初版が発刊されてから改版を重ね，この度，第五版を刊行することになりました。この間，多くの方々に本書を利用いただき感謝いたします。

　近年，建築基準法は法改正が続き，ますます複雑化し建築士の試験もかなり難しいものになってきました。本書では全くの初心者にもわかりやすい説明を心掛け，理解を補うためにイラストを多く取り入れていますので，建築の初心者が建築法規に苦手意識を持たず，効率よく知識を定着させるのに適していると考えております。

　建築に限らず，法規は新しい情報が命です。本書も 2019 年 6 月施行された建築基準法の改正に対応し第三版を，2020 年 4 月施行の建築基準法改正に合わせ第四版を出版し，この度 2022 年 4 月施行の建築基準法改正に基づき第五版を出版する運びとなりました。

　2020 年改正は，近年の研究開発の進展や技術的知見の蓄積に伴い，建築物の特性などに応じた基準の設定や既存の規定の合理化が可能となり改正が行われ，学生の皆さんが建築法規を学ぶ上でも大きな影響を受ける変更になります。

　本書を利用して，建築初心者が法規の理解を深め，二級建築士を獲得する学力を身に付けていただければ幸いです。

2024 年 3 月

著者一同

はじめに（初版発行時）

　本書を教科書として使用する専修学校や工業高校の学生は，最終的には，二級建築士の受験を目指す人たちと考え，二級建築士試験に関わるところの比重を大きくしています。そして，専修学校のカリキュラムに合うような構成にしています。

　法令集には図による説明がありませんので，授業では教師が黒板に図を書く，あるいはプリントを配布することが多いと思いますが，本書を利用することによりその手間を省くことができます。

　各単元の最後には，学習内容を確認する意味で**演習問題**を設けていますので，具体的な計算方法や重要項目・数値の確認などに活用できます。

　また，「H 建築法規の実際」として二級建築士の製図試験の建物をモチーフとした「実務的な法チェック」，および二級建築士「学科試験 II 法規」の過去問題も掲載し，二級建築士の試験に直結するよう配慮してあります。

　建物の法チェックを行うことで，建築設計において法規がどのように関わるのかを知り，また学科 II 法規の問題を丸ごと解くことにより，問題の傾向や難易度を知ることができ，試験に向けての学習のファーストステップになります。

　本書を執筆するに当たって，第一に配慮したことは，タイトルに「超入門」とあるように，全くの初心者にもわかりやすい説明を心がけた点であり，建築法規を誰にでもわかってもらうというのが本書の目的です。

　そこで，法令の中で使われる法令用語はもとより，「及び」とか「並びに」といった一般用語の法令の中における使われ方の基本についても説明しています。また，言葉の難しさを補い，理解を助けるためには図解が有効であることから，図を多用しています。

　図解に加え，わかりにくいところ，大切なところ，参考となる事柄には，POINT や Memo で説明をしています。また，根拠となる法令の記述がどこにあるかなどについて REFER（参照）（演習問題には HINT）を掲げていますので，面倒でも法令集を開き確認することを薦めます。本書を開くことが法規を知ることへの第一歩とするなら，法令集を開くことが法を正しく理解すること，また建築士試験への重要なステップとなるでしょう。

　本書の構成は，ほぼ建築基準法，施行令の順序に従っていますが，理解をしやすいように一部入れ替えてあるところもあります。建築法規また法令集に親しみ，二級建築士を獲得するのに十分な学力を付けて頂ければ幸いです。

2016 年 2 月

永井孝保
野口則子

本書の構成と使い方

構　成

本書は基本的に法令集との対応がしやすいよう，建築基準法の条文の順に構成し，条文では理解しにくいところを図解や一覧表にするなどわかりやすくしています。

また，文章での解説を最小限とする代わりに，重要項目や補足的な説明は POINT や Memo として，また参照とする条文が法令集のどこにあるのかや，本書での参照ページなどは REFER（参照）として注に記載しています。

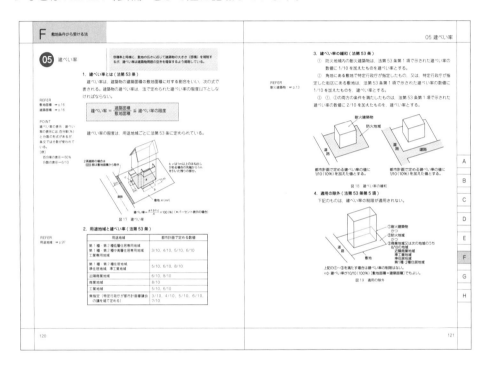

使い方

法規の学習の基本は法令集に慣れることであるため，法令集と本書はセットで取り組むのがよいでしょう。

まずは本書の A から F までを読み進めながら，本文あるいは REFER で記載の条文を法令集で確認しながら，法規の全体像をつかむことが大切です。

各単元の最後の**演習問題**で具体的な計算問題や二級建築士レベルの問題を解くことで，学習の定着が図れます。

ひと通り F まで読み終えたら，H の「モデルプランによる法チェック」により，具体的な建物における法規の関わりを学習することで，設計実務にも生かされ，より法規の知識が確実なものとなります。

二級の試験を目指す人は，G の「その他の関連法規」にも目通し，H の「過去問題」にチャレンジしてください。試験でどのようなことが問われるのか把握できます。

CONTENTS

CONTENTS

A 建築基準法の基礎

庇など建物から 1m 以上突き出ている場合は，先端から 1m
後退した部分が建築面積に算入されない。（03 面積と高さ）

建築基準法について

法は条文を100％覚える必要はなく，その法のどこにどんなことが書かれているのかを知ることが大切である。また，法律の文章独自の表現を理解する必要がある。

1. 建築基準法とは

建築物をつくる際，関連する法には，建築基準法・建築士法・建設業法・都市計画法・消防法などさまざまな法律があるが，なかでも建築基準法が中心となっている。

1950年に制定され，社会環境や安全に対する考え方の変化に応じて改正されながら，現在に至っている。

おもな建築に関連した法規

POINT
法の目的
法律には，その法律がどんな目的で制定されたのかが最初に書かれている。それを読むことで，その法律の趣旨と概要を知ることができる。
建築基準法でも，第1条に法の目的が書かれている。

┌ 建築物の敷地・構造等の最低基準 ─
・建築基準法

┌ 建築士・建設業の業務関連 ─
・建築士法
・建設業法

┌ 都市・市街地の整備関連 ─
・都市計画法
・都市再開発法
・土地区画整理法
・流通業務市街地の整備に関する法律
・駐車場法

┌ 消防関連 ─
・消防法

┌ 住宅・宅地関連 ─
・住宅の品質確保の促進等に関する法律（品確法）
・特定住宅瑕疵担保責任の履行の確保等に関する法律（住宅瑕疵担保履行法）
・宅地造成等規制法
・公営住宅法

POINT
二級建築士試験では
建築基準法が中心であるが，そのほかに
建築士法
建設業法
都市計画法
消防法
品確法
住宅瑕疵担保履行法
バリアフリー法
なども出題される。

┌ 環境・衛生関連 ─
・水道法
・下水道法
・浄化槽法
・廃棄物の処理及び清掃に関する法律

┌ 優良建築物の促進関連 ─
・高齢者，障害者等の移動等の円滑化の促進に関する法律（バリアフリー法）
・建築物の耐震改修の促進に関する法律
・耐震改修促進法

┌ その他 ─
・民法
・老人福祉法
・興行場法
・風俗営業等の規制及び業務の適性化等に関する法律

2. 法の形式と法令用語

(1) 法令の体系

法令の体系は，以下のように分類される。

POINT
知っておくべき法の範囲
実務では，全国レベルの法，地方ごとの法（条例）の両方を知らなければならない。さらに地方には，独自の取り扱い（内規，要綱など）があるので，それらも把握しておく必要がある。
しかし，**建築士の受験のためであれば，全国レベルの法だけを知っていればよい。**

全国レベルの法		
法律	国会が制定	建築基準法
政令	内閣が制定	建築基準法施行令
省令	大臣が制定	建築基準法施行規則
告示	大臣等が制定	国土交通省告示
地方ごとに定められる法		
条例	地方公共団体の議会で制定	
規則	地方公共団体の長が制定	

(2) 法令の形式

法令の形式には，一般に**条・項・号**が用いられる。

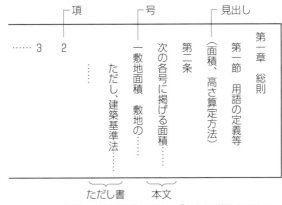

「項」は算用数字で表し，「号」は漢数字で表す。
第1項の1は省略し，表記されない。

図1 法の形式

POINT
条文の枝分かれの例
次のように，法第53条の次が54条ではなく53条の2となっている。
【建蔽率】
第53条 建築物の建築面積（同一敷地内に2以上の建築物がある場合においては.... 以下略

【建築物の敷地面積】
第53条の2 建築物の敷地面積は，用途地域に関する都市計画において.... 以下略

① 条

法文の基本で，通常は括弧書きで見出しが付けられ，1条，2条,... と分類している。法改正などで，1条と2条の間に条文を追加する場合は，「1条の2」として枝番で分けている。この場合，1条の2は1条の付属ではなく，独立した条文となる。

② 項

条の中を類似の内容でまとめ，1項，2項,... と算用数字を用いて分類している。

③ 号

項の中をさらに細かく一号，二号,... と**漢数字**で分類し，さらに分ける必要がある場合は，イ，ロ，ハ,... と細区分している。

A 建築基準法の基礎

(3) 法令用語

① 数量・数値

長さ，広さ，高さ，階の数などを表すときに，条文ではその数値を限定的に用いるのではなく，その数値より上か下かで表すことが多い。その際用いる言葉は「以上」，「以下」，「以内」，「未満」，「超える」である。

POINT
条文にある数値の表し方の例
次のように，以上，以下などの語句が使われている。これは，基準法より，施行令に頻繁にみられる。

令第2条第1項より
二　建築面積　建築物（地階で地盤面上1m以下にある部分を除く。....以下略

令第120条第3項より
3　15階以上の階の居室については，前項本文の.... 以下略

用語	起算点を含むか含まないか	例
以上	含む	10以上は，10を含む
以下		10以下は，10を含む
以内		10以内は，10を含む
未満	含まない	10未満は，10を含まない
超える		10を超えるは，10を含まない

② 接続詞など

「及び」と「並びに」は，二つ以上の語句や事項を並べる場合に用い，「及び」は語句を並べる場合に，「並びに」は事項を並べる場合に用いる。

（例）

Ⓐ及びⒷ

　　──→ ＡとＢの両方を指す。

Ⓐ，Ⓑ及びⒸ

　　──→ ＡとＢとＣのすべてを指す。

Ⓐ及びⒷ並びにⒸ及びⒹ

　　──→ ＡとＢとＣとＤのすべてを指す。

「若しくは」と「又は」は，二つ以上の語句や事項を選択的に並べる場合に用い，「若しくは」は，語句を選択的に並べる場合に，「又は」は，事項を選択的に並べる場合に用いる。

（例）

Ⓐ若しくはⒷ

　　──→ ＡかＢのどちらかを指す。

Ⓐ，Ⓑ若しくはⒸ

　　──→ ＡかＢかＣの内どれかを指す。

Ⓐ若しくはⒷ又はⒸ若しくはⒹ

　　──→ ＡかＢかＣかＤの内どれかを指す。

「かつ」は，二つ以上のものが同時に満足されなければならない場合に用いる。

「準用する」は，他の条文をそのまま適用することを意味する。これは，類似の規定を繰り返し記述する煩雑さを避けるためである。

4

3．建築基準法の目的 (法第 1 条)

　建築基準法の第 1 条に，この法律の目的が，次のように書かれている。

　「建築物の敷地，構造，設備及び用途に関する最低の基準を定めて，国民の生命，健康及び財産の保護を図り，もって公共の福祉の増進に資すること」

　このように，この法律は**建物の「安全」**や国民の**「健康」**などの最低の基準を定めたものである。

4．建築基準法の概要

　建築基準法は**制度規定**と**実体規定**からなり，実体規定は，全国どこに建てる場合でも適用される「**単体規定**」と，都市計画区域内でのみ提供される「**集団規定**」に分けられる。さらに末尾には，別表（第 1 ～ 4）が設けられている。

POINT
法令には，改正年月日がまとめられており，変遷がわかるようになっている。

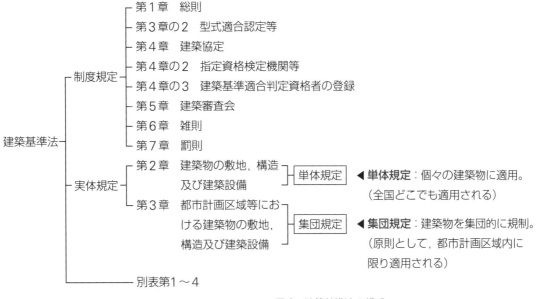

図 2　建築基準法の構成

(1) 制度規定

　制度規定は，建築に関する手続き，違反建築物などに対する罰則などを定めたもので，全国どこでも適用される。

(2) 単体規定（第2章）

　単体規定は，個々の建築物の制限で，**採光・換気・構造耐力・防火や避難**などがあり，全国どこに建てる場合でも適用される。

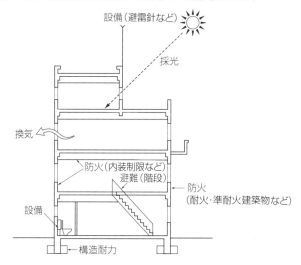

図3　単体規定の例

(3) 集団規定（第3章）

　集団規定は，地域・地区に建てる建築物への制限で，**道路や建物の用途，大きさや形態（容積率，建蔽率，高さ制限など），外壁の後退距離**などを定めた規定であり，都市計画区域・準都市計画区域内に限り適用される。

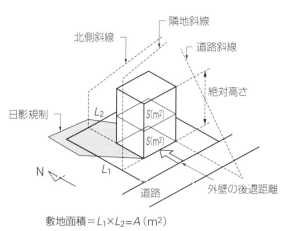

敷地面積 $= L_1 \times L_2 = A\,(m^2)$

建ぺい率 $= \dfrac{S(m^2)}{A(m^2)}$　　　容積率 $= \dfrac{S + S(m^2)}{A(m^2)}$

図4　集団規定の例

用語の定義

> 法にはその法を正確に理解するために, 法のなかで使われる言葉 (用語) が定義されている。法を学ぶ第一歩はここからである。

1. 敷地 (令第 1 条一号)

REFER
法第 2 条
令第 1 条

　一つの建築物又は用途上不可分の関係にある 2 以上の建築物のある一団の土地をいう。

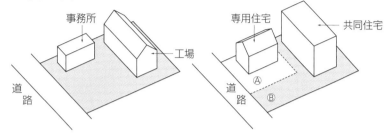

この場合, 二つの建物は合わせて一つの機能を果たすので, 一つの敷地内でよい。

①用途上不可分のケース

この場合, 二つの建物は独立し得るので, Ⓐ, Ⓑ二つの敷地に分けなければならない。

②用途上可分のケース

図 5　用途上可分と不可分の例

2. 建築物 (法第 2 条一号)

　土地に定着する工作物で, 次のもの (2・(1) ①〜⑤) をいう。

(1) 建築物の種類

　①　屋根と柱, 又は屋根と壁のあるもの

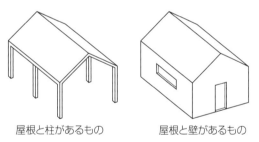

屋根と柱があるもの　　　屋根と壁があるもの

図 6　建築物一般

　②　屋根と柱 (又は屋根と壁) のある**建築物に付属する門や塀**
　③　観覧のための工作物 (野球場や競技場のスタンドなど)

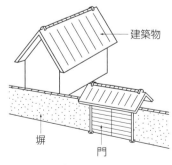

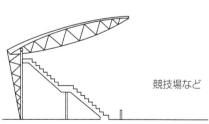

屋根の有無に関係なく客席などがあれば, 建築物となる。

図 7　建築物に付属する門や塀　　　図 8　観覧席

④ 地下や高架の工作物（地下街・高架鉄道・テレビ塔など）に設ける事務所・店舗・興行場・倉庫など

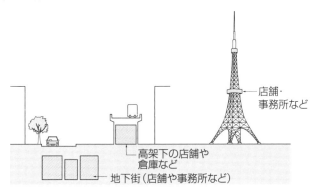

店舗・
事務所など

高架下の店舗や
倉庫など

地下街（店舗や事務所など）

図9　地下街・高架の工作物

⑤ 上記①〜④に設けられる建築設備

3. 建築（法第2条十三号）

(1) 建築とは

① 新　築

何も建築物の建っていない敷地に，建築物を建てること。

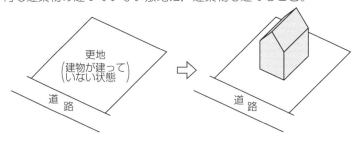

更地
（建物が建って
いない状態）

道　路

道　路

図10　新　築

② 改　築

　一旦建築物を除却し，そのあとへ用途・規模・構造が著しく異ならない建築物に建て替えること。

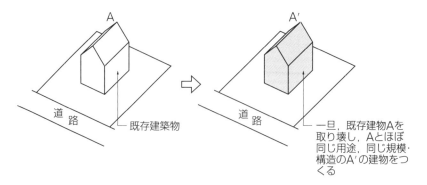

A

A′

道　路

既存建築物

道　路

一旦，既存建物Aを
取り壊し，Aとほぼ
同じ用途，同じ規模・
構造のA′の建物をつ
くる

図11　改　築

③ 増　築

敷地内にすでに建築物があり，さらに建築物が増えること。同一棟の場合も，別棟の場合もある。

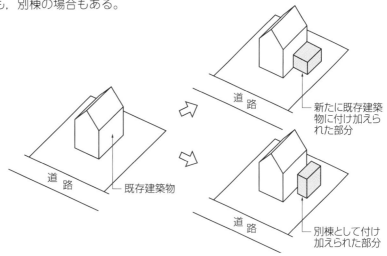

図12　増　築

④ 移　転

同じ敷地内又は他の敷地に建築物の位置を変えること。別の敷地に移した場合は，特定行政庁が，交通上，安全上，防火上，避難上，衛生上及び市街地の環境の保全上支障がないと認める場合，現行法規への適用は受けない。

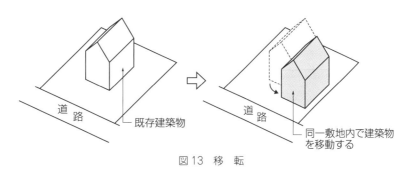

図13　移　転

Memo　建築物と建築の違い

建築物は「土地に定着する工作物」としての物理的なものを意味し，建築はものである建築物をつくる行為を意味している。

法規上は，建築は「**新築**」「**改築**」「**増築**」「**移転**」の4つに区分けされている。一般的に使われる，改装ということばは使われない。

4. 大規模な修繕，大規模な模様替え（法第2条十四号，十五号）

REFER
主要構造部：☞ p.11

① 大規模な修繕

主要構造部の一種以上について行う過半の修繕をいう。

② 大規模な模様替え

主要構造部の一種以上について行う過半の模様替えをいう。

Memo　大規模な修繕と大規模な模様替えの違い

修繕は前と後で材料が同じであり，模様替えは前と後で材料が異なる。

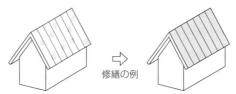

金属板葺きの屋根が錆びてきた　　修繕の例　　同種の金属板で葺き替え

金属板葺きの屋根が錆びてきた　　模様替えの例　　繊維強化セメント板で葺き替え

---

5. 特殊建築物（法第2条二号）

① 不特定多数の人が集まる建築物

劇場・観覧場・集会場など

② 就寝・宿泊を伴う建築物

病院・旅館・共同住宅・寄宿舎・下宿・児童福祉施設など

③ 教育・文化・スポーツに関する建築物

POINT
学校には専修学校及び各
種学校を含む。

学校・体育館など

④ 商業・サービスに関する建築物

百貨店・展示場・遊技場・公衆浴場・ダンスホ　ルなど

⑤ 大火となりやすい建築物

倉庫など

⑥ 出火の危険性の高い建築物

自動車車庫，危険物の貯蔵場

⑦ その他の建築物

POINT
ここでいう汚物処理の設
備は，一般的には「し尿
浄化槽」と呼ばれるもの。

と畜場・火葬場・汚物処理場

6. 建築設備（法第2条三号）

建築物に設ける電気・ガス・給水・排水・換気・暖房・冷房・消火・排煙・
汚物処理の設備，煙突・昇降機・避雷針をいう。

7. 居室（法第2条四号）

居住・執務・作業・集会・娯楽その他これらに類する目的のため，**継続的に使用する室**をいう。

> **Memo　台所の居室の扱いについて**
>
> ・住宅の台所については，以下の2点を満たせば，居室として扱わないことができる。
> ①調理のみに使用し，食事等の用に供していない。
> ②床面積が小さく，他の部分と間仕切り等で明確に区画されていること。
> 上記を満足しない台所については，居室として取り扱うものとする。
> （建築物の防火避難規定の解説2012より）

8. 地階（令第1条二号）

床が地盤面下にある階で，**床から地盤面までの高さが天井高の1/3以上**のものをいう。

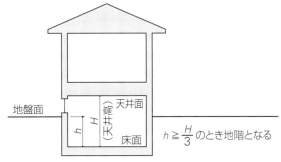

$h \geqq \dfrac{H}{3}$ のとき地階となる

図14　地　階

9. 主要構造部（法第2条五号）

壁・柱・はり・屋根・床・階段をいう。

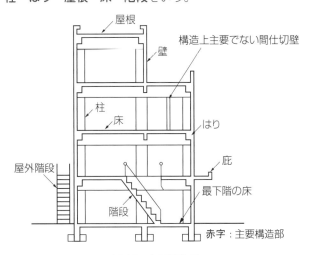

図15　主要構造部

10. 延焼の恐れのある部分（法第 2 条六号）

隣地境界線，道路の中心線，同一敷地内の 2 以上の建築物の外壁間相互の中心線から，**1 階は 3 m 以下，2 階以上は 5 m 以下**の距離にある建築物の部分をいう。

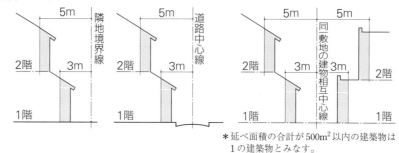

＊延べ面積の合計が 500m² 以内の建築物は
1 の建築物とみなす。

図 16　延焼の恐れある部分

ただし，次のイ又はロのいずれかの部分はのぞかれる。

イ　防火上有効な公園，広場，川その他の空地又は水面，耐火構造の壁などに面する部分。

ロ　建築物の外壁面と隣地境界線との角度に応じて国土交通大臣が定める部分。

11. 耐火構造（法第 2 条七号）

壁，柱，床その他の建築物の部分が耐火性能を有する構造又は，国土交通大臣の認定を受けたもの。

12. 準耐火構造（法第 2 条七の二号）

壁，柱，床その他の建築物の部分が準耐火性能を有する構造又は，国土交通大臣の認定を受けたもの。

13. 防火構造（法第 2 条八号）

建築物の外壁・軒裏のうち，防火性能に関する技術的基準に適合する鉄網モルタル塗り・しっくい塗り等の構造で，国土交通大臣が定めた構造方法のもの，又は国土交通大臣の認定を受けたもの。

14. 不燃材料（法第 2 条九号）

加熱開始後 20 分間，燃焼しないなどの一定の要件を満たす材料をいう。

15. 準不燃材料（令第 1 条五号）

加熱開始後 10 分間，燃焼しないなどの一定の要件を満たす材料をいう。

16. 難燃材料（令第 1 条六号）

加熱開始後 5 分間，燃焼しないなどの一定の要件を満たす材料をいう。

加熱開始後の経過時間と各材料の関係

経過時間　⟹

難燃材料	準不燃材料	不燃材料

17. 耐火建築物（法第 2 条九の二号）

次に掲げる基準に適合する建築物をいう。

イ　特定主要構造部が（1）又は（2）のいずれかとし，**外壁の開口部で延焼の恐れがある部分**に，**防火戸その他の防火設備**を有したもの。

（1）　耐火構造

（2）　次に掲げる性能（外壁以外にあっては i に掲げる性能に限る）に関して政令で定める技術的基準に適合するものであること。

（ i ）当該建築物の構造，建築設備及び用途に応じて屋内において発生が予測される火災による火熱に当該火災が終了するまで耐えること。

（ ii ）当該建築物の周囲において発生する通常の火災による火熱に当該火災が終了するまで耐えること。

REFER
防火設備：令第 109 条

18. 準耐火建築物（法第 2 条九の三号）

耐火建築物以外で，主要構造部を次の①，②のいずれかとし，**外壁の開口部で延焼の恐れがある部分**を，**防火戸その他の防火設備**を有したもの。

①　準耐火構造とし，地上部分の層間変形角を 1/150 以内としたもの。

②　①の準耐火構造と同等の耐火性能を有する建築物の技術的基準に適合するもの。

REFER
令第 109 条の 2 の 2
令第 109 条の 3

19. 構造耐力上主要な部分（令第 1 条三号）

基礎・基礎杭・壁・柱・小屋組・土台・斜材・床版・屋根版・横架材で建築物の自重・積載荷重・積雪・風圧・土圧・水圧・地震その他の振動・衝撃を支えるものをいう。

POINT
斜材とは
筋かい・方づえ・火打ち材，その他これらに類するもの

20. 防火設備と特定防火設備

①　防火設備（令第 109 条，H12 告 1360 号）

防火設備には，防火戸やドレンチャー，一定の条件を満たす外壁，そで壁，塀などがあり，耐火建築物（延焼の恐れのある部分の外壁）として求められる場合と，防火又は準防火地域内の建築物（延焼の恐れのある部分の外壁）に求められる場合とがある。

防火設備は，政令で定める技術的基準に適合するもので，国土交通大臣が法第 2 条九の二号ロ及び法第 61 条により規定されている防火設備

POINT
主要構造部と構造耐力上主要な部分は同じようなことではあるが，**前者は防火的な意味**で使われ，**後者は地震など外力に抵抗的な骨組**として使われる。

耐火建築物 （法第2条九の二号ロ）	防火戸その他の政令（＊1）で定める防火設備 　その構造が遮炎性能（通常の火災時における火炎を有効に遮るために防火設備に必要とされる性能をいう）に関して政令で定める技術的基準（＊2）に適合するもの。
防火・準防火地域内の建築物 （法第61条，令第136条の2）	防火設備に建築物の周囲において発生する通常の火災による火熱が加えられた場合に，加熱開始後20分間当該加熱面以外の面（屋内に面するものに限る。）に火炎を出さないもの。

＊1：令第 109 条

①　防火戸，ドレンチャーその他火炎を遮る設備

②　一定条件を充たす外壁，袖壁，塀その他これらに類するものは防火設備とみなす

＊2：令第 109 条の 2

防火設備に通常の火災による火熱が加えられた場合に，加熱開始後 20 分間当該加熱面以外の面に火炎を出さないもの

定めた構造方法を用いるか，国土交通大臣の認定を受ける必要がある。

② 特定防火設備（令第 112 条第 1 項，H12 告 1369 号）

防火区画に用いられる防火戸などは，特定防火設備としなければならない。

防火設備・特定防火設備の種別と設置場所

種　別	特定防火設備	防　火　設　備	
法　　令	令第 112 条第 1 項	法第 2 条第九の二号ロ 令第 109 条の 2	法第 61 条 令第 136 条の 2
告　　示	平成 12 年 5 月 2 日第 1369 号	平成 12 年 5 月 24 日第 1360 号	令和元年 6 月 21 日第 196 号
設置場所	防火区画	耐火・準耐火建築物の外壁の開口部で延焼の恐れのある部分	防火・準防火地域内の建築物の外壁の開口部で延焼の恐れのある部分
火災の種　類	建築物の屋内又は周囲で発生する通常の火災		建築物の周囲で発生する通常の火災
遮炎時間	1 時間	20 分間（両面）	20 分間（片面）
要　　件	加熱面以外の面に火炎を出さない		加熱面以外の面に火炎を出さない（屋内の面に限る）

21．無窓居室（法第 35 条，令第 116 条の 2）

居室には衛生，安全のために，採光，換気，火災時の排煙，避難・救助などのために開口部を設けなければならない。

(1) 避難，消火

下記の条件を満たさない場合は，無窓の居室となり，避難施設，消火設備（消火栓，スプリンクラーなど），排煙設備，非常用の照明装置，非常用の進入口などの制約を受ける。

① 居室の床面積の 1/20 以上の有効採光面積

② 居室の床面積の 1/50 以上の開放できる部分（天井から下方 80cm の部分）

(2) 構造制限

下記の条件を満たさない場合は，無窓の居室となり，主要構造部を耐火構造または不燃材料としなければならない。

① 居室の床面積の 1/20 以上の有効採光面積

② 直径 1m 以上の円が内接（または幅 75cm 以上× 120cm 以上）の避難上有効な開口部

Memo　工作物について

工作物については，用語の定義には「工作物とは…」という形で定義されていない。間接的に，法第 88 条で，「工作物への準用」として書かれている。

煙突，広告塔，高架水槽，擁壁などがあり，詳細は令第 138 条で細かく定義されている。

POINT
防火戸の内側に木製建具（障子など）などの不燃材料以外のものを取り付ける場合は，防火戸から 15cm 以内に取り付けないようにする。（平成 12 年 5 月 24 日　告示第 1360 号）

REFER
（法第 35 条，令第 116 条の 2）

REFER
（法第 35 条の 3，令第 111 条）

POINT
工作物は二級試験では必ず出題されるので要チェック。
それぞれ高さが，
6m を超える煙突
15m を超える RC 造の柱等
4m を超える広告塔等
8m を超える高架水槽等
2m を超える擁壁

演習問題　用語

1　用語

HINT
法第2条
令第2条
令第109条

用語に関する次の記述のうち，建築基準法上，**誤っているもの**はどれか。

(1) 土台は「主要構造部」である。

(2) 倉庫は「特殊建築物」である。

(3) 自動車車庫の用途に供する建築物は，「特殊建築物」である。

(4) 図書館の用途に供する建築物は，「特殊建築物」である。

(5) 老人福祉施設は，「特殊建築物」である。

2　用語

用語に関する次の記述のうち，建築基準法上，**誤っているもの**はどれか。

(1) 住宅の屋根について行う過半の修繕は，「建築」である。

(2) 娯楽のために継続的に使用する室は「居室」である。

(3) 地下の工作物内に設ける倉庫は，「建築物」である。

(4) 建築物に設ける消火用の貯水槽は，「建築設備」である。

(5) 建築物に設けるし尿浄化槽は，「建築設備」である。

3　用語

用語に関する次の記述のうち，建築基準法上，**誤っているもの**はどれか。

(1) ボーリング場の用途に供する建築物は，「特殊建築物」である。

(2) ドレンチャーは，「防火設備」である。

(3) 地震の震動を支える火打材は，「構造耐力上主要な部分」である。

(4) れんがは，「耐水材料」ではない。

(5) 構造上重要でない間仕切り壁は，「主要構造部」ではない。

4　地階の判定

HINT
令第1条第二号
☞ p.11
keyword：1/3

下図の建築物の最下階が建築基準法上の**地階にあたるか否か**を検討しなさい。

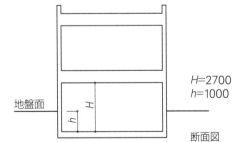

H=2700
h=1000

地盤面

断面図

p.178 に解答あり

（解法）

天井高さの 1/3 以上，床面が地盤面下にあるかどうかを検討する。

　$2700 \times 1/3 = 900 \leqq 1000$

よって，最下階は地階に該当する。

（参考までに，h の値が 900 未満であれば地上階となる。）

建築基準法の基礎

 面積と高さ

> 建築基準法のなかでは，建物の大きさ（面積・高さ）を規制したり，建物の大きさにより制限する内容もあるので，面積・高さの算定方法は大切である。

1. 敷地面積（令第2条一号）

REFER
敷地：☞ p.7

敷地面積は，敷地の**水平投影面積**をいう。傾斜地の場合も，真上から見下ろした（水平投影）面積であり，斜面の面積ではない。

敷地が法第42条第2項の道路（幅員4m未満）に面している場合は，**後退部分は敷地面積に算入されない。**

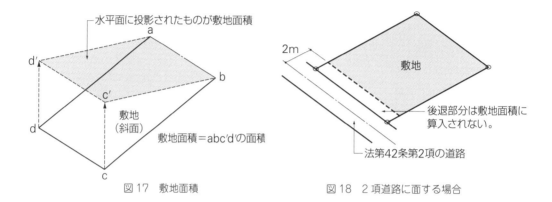

図17 敷地面積   図18 2項道路に面する場合

2. 建築面積（令第2条二号）

（1）建築面積とは

建築面積は，最も外端の**壁又は柱の中心線**で囲まれた部分の水平投影面積をいう。

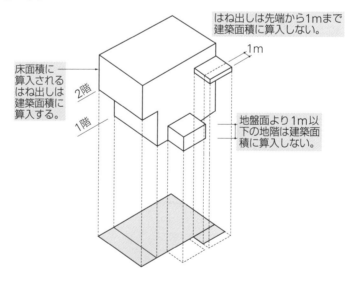

図19 建築面積

(2) 建築面積に算入されない部分

下記については，建築面積に算入されない。

- ・軒，庇，はね出し縁で外壁又は柱の中心線から１ｍ以上突き出たものがある場合，その先端から１ｍ後退した線までは算入しない。
- ・地階で地盤面上１ｍ以下にある部分は，算入されない。
- ・高い開放性を持つ構造の建築物は，その先端から１ｍ以内の部分は算入されない。

POINT
高い開放性を持つ構造とは：
1. 外壁を有しない部分が連続して4m以上ある。
2. 柱の間隔が2m以上
3. 天井の高さが2.1m以上
4. 地階を除く階数が1
（告H5年1437号）

3. 床面積（令第2条三号）

床面積とは，建築物の各階又はその一部で，壁その他の区画の中心線で囲まれた部分の水平投影面積をいう。ピロティ，ポーチ，バルコニー，吹きさらしの廊下，外気に有効に開放された屋外階段は，床面積に算入されない。

4. 延べ面積（令第2条四号）

延べ面積は，建築物の各階の床面積の合計をいう。

POINT
容積率算定の際の延べ面積には，算入されない部分がある。単体規定などで延べ面積により規制を受けるような場合の延べ面積は，不算入の部分はない。
☞ p.117

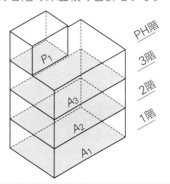

延べ面積＝各階の床面積の合計＝$A_1 + A_2 + A_3 + P_1$
＊塔屋は建築面積の1/8以内であれば階数に算入されないが，床面積には算入される。

図20　延べ面積

5. 建築物の高さ（令第2条六号）

地盤面からの高さによるが，適用する法により高さに含む部分と含まない部分がある。

① 高さに算入しない部分

建築物の屋上に設ける階段室，昇降機塔・装飾塔・物見塔・屋窓（おくそう）などで，水平投影面積の合計が**建築面積の1/8以内**であり，かつその部分の**高さが12ｍ以下**（絶対高さの制限，日影規制の際の対象建築物の高さでは5ｍ以下）であれば，高さに算入しない。

② 高さに算入する塔屋等

面積に関係なく次の場合は，塔屋なども高さに算入される。

- ・北側斜線制限適用の場合
- ・高度地区の北側斜線制限適用の場合
- ・避雷設備適用の場合

REFER
北側斜線：☞ p.131

A

B

C

D

E

F

G

H

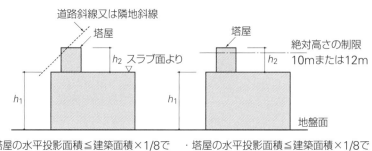

道路斜線又は隣地斜線
塔屋
h_2 スラブ面より
h_1

塔屋
絶対高さの制限
10mまたは12m
h_2
h_1
地盤面

・塔屋の水平投影面積≦建築面積×1/8で
　h_2≦12mのとき
　　建物の高さ＝h_1
・上記以外
　建物の高さ＝h_1＋h_2

道路斜線制限，隣地斜線制限
における建築物の高さ

・塔屋の水平投影面積≦建築面積×1/8で
　h_2≦5mのとき
　　建物の高さ＝h_1
・上記以外
　建物の高さ＝h_1＋h_2

絶対高さ，日影制限に
おける建築物の高さ

＊道路斜線の場合の高さは地盤面からではなく道路の中心からの高さとなる。

図21　高さの算定

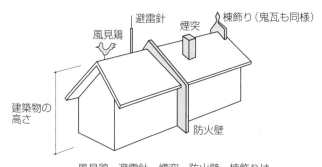

避雷針
煙突
棟飾り（鬼瓦も同様）
風見鶏
建築物の
高さ
防火壁

風見鶏・避雷針・煙突・防火壁・棟飾りは，
建築物の高さに算入されない。

図22　高さに算入しない部分

6. 軒の高さ（令第2条七号）

地盤面から建築物の小屋組又はこれに代わる**横架材を支持する壁，敷げた**
又は柱の上端までの高さをいう。

REFER
地盤面：☞ p.19

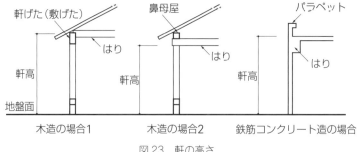

軒げた（敷げた）
鼻母屋
パラペット
はり
はり
はり
軒高
軒高
軒高
地盤面

木造の場合1　　木造の場合2　　鉄筋コンクリート造の場合

図23　軒の高さ

① 軒の高さにより制限される法
・大規模建築物の主要構造部（法第 21 条第 1 項）
・日影規制の対象建築物（法第 56 条の 2 第 1 項，別表 4）
・外壁の後退距離制限の緩和（法第 54 条第 1 項，令 135 条の 20）
・道路斜線制限の緩和（法第 56 条の 2 第 2 項，令 130 条の 12）

REFER
大規模建築物：☞ p.46
日影規制：☞ p.135

道路斜線：☞ p.125

7. 階数（令第 2 条八号）

階数は，**階の数の最大**のものをいう。

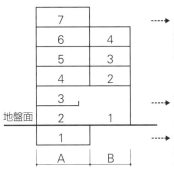

----→ 塔屋でエレベーター機械室，階段室，装飾塔，物見塔などで建築面積の1/8以内の場合は階数に算入されない。

----→ 法規上は中2階という考え方はなく階高に関係なく階数に算入される。

----→ 地階が倉庫，機械室などで建築面積の1/8以内の場合は階数に算入されない。

Aの範囲：階数7
Bの範囲：階数4 ⇨ したがって，この建築物の階数は7となる。

図 24 階 数

① 階数に算入されない場合
・地階の倉庫・機械室などで，**建築面積の 1/8 以下**の場合
・塔屋の昇降機塔・物見塔・装飾塔などで，**建築面積の 1/8 以下**の場合

8. 地盤面（令第 2 条第 2 項）

建築物が，周囲の地面と接する位置の平均の高さをいう。高低差が 3 m を超える場合は，高低差 3 m 以内ごとに区分し，それぞれの区画ごとに地盤面を設定する。

POINT
条文には，
「建築物が周囲の地面と接する位置の平均の高さにおける水平面…」 と書かれているが，1 階より 2 階がはね出しているような場合には，建築面積に相当する水平投影面が接する地面と見なして計算している。

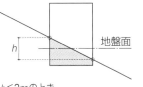

地盤面

$h \leqq 3$mのとき
⇨建築物と地面が接する位置の平均の高さが地盤面となる。

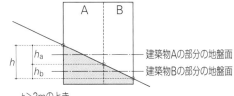

建築物Aの部分の地盤面
建築物Bの部分の地盤面

$h > 3$mのとき
⇨h_a, h_bが3m以下になるように設定し，それぞれの平均の高さを算定し それをそれぞれの地盤面とする。
（1つの建物で複数の地盤面が存在することになる。）

図 25 地盤面

POINT
面積や高さの算定は，集団規定の建蔽率・容積率，高さの制限と関連があるので，同時に学習すると理解しやすい。

HINT
令第2条二号

keyword：はね出し
　　　　1m 後退

REFER
面積の算定時における小数点以下の桁数について
☞ p.115

HINT
令第2条三号，四号

演習問題　面積と高さ

1　建築面積
下図の建築物の**建築面積**を計算しなさい。

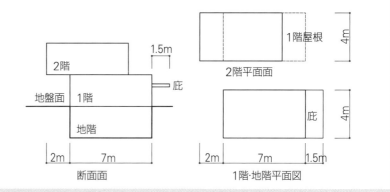

（解法）
2階部分のはね出しは，すべて建築面積に参入，1階の庇は1m後退部分は不算入であるので，
$(7 + 2 + 0.5) \times 4 = 38.0㎡$　となる。

2　延べ面積
下図の建築物の**延べ面積**を計算しなさい。

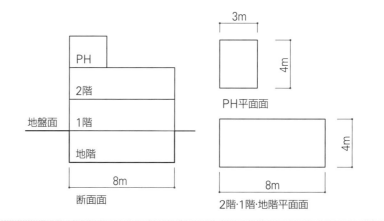

（解法）
PH階　$3 \times 4 = 12㎡$
2階・1階・地階　$(8 \times 4) \times 3FLs = 96㎡$
延べ面積　108㎡
（参考）塔屋は建築面積の1/8以内であれば，階数の不算入や高さの不算入規定はあるが，延べ面積には面積に関係なく算入される。

3 建築物の高さ

下図の建築物の**絶対高さの制限を検討する場合における高さ**を計算しなさい。

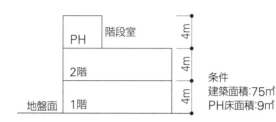

（解法）

条件より，PH（階段室）は

a. 建築面積 75㎡ × 1/8 = 9.375㎡ ≧ PH 床面積 9㎡

b. h ≦ 5 m

これより，PH は高さに算入しなくてよい。

したがって，高さは　4 + 4 = 8 m　となる。

4 階の数

下図の建築物の**階の数**を算定しなさい。

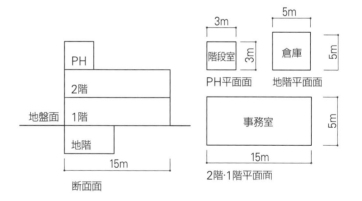

（解法）

階の数の不算入の特例には，PH（階段室など）と地階（倉庫など）があるので，この 2 つについて，算入か不算入かを検討する。

建築面積× 1/8 = 9.375㎡

・PH（階段室）の検討

床面積＝ 3 × 3 = 9㎡ ≦ 9.375㎡　よって，階に不算入

・地階（倉庫）の検討

床面積＝ 5 × 5 = 25㎡ ≧ 9.375㎡　よって，階に算入

以上より，地階，1 階，2 階が階の数の対象であるので，3 となる。

5 地盤面

下図の敷地における建築物の**地盤面の高さは、最下階の床から何m上に位置する**か計算しなさい。ただし、建築物と地面が接する高さは下記の条件とする。

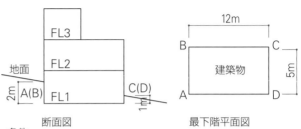

断面図　　　　　　　　　　　最下階平面図

条件
ポイントA、Bが地面と接する高さは、FL1+2m
ポイントC、Dが地面と接する高さは、FL1+1m

（解法）
地盤面は，地面と建築物が接する高さの平均であるから，
上図では，A＝B　C＝D　であるため
FL1から A(B) までの高さと，FL1から C(D) までの高さの平均となる。
したがって，(1 + 2) × 1/2 = 1.5 m → FL1から 1.5 m上が地盤面となる。

（参考）A ≠ B，C ≠ D のときは，上のような単純に算出できない。
その場合，正確には次のように求める。
基準線を設定し，それより建築物が接する地盤の展開図を描き，基準線と接する地盤ラインとで作られる形状の面積(S)を，接する長さ(L)除して求める。

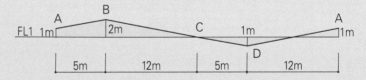

上図において，A：FL1+1　B:FL+2　C：FL1 ± 0　D：FL1-1
と仮定した場合の計算例
接する部分の面積
AB 間：(1 + 2) × 5 × 1/2 = 7.5　BC 間：2 × 12 × 1/2 = 12
CD 間：− 1 × 5 × 1/2 = − 2.5
DA 間：(− 1 × 6 × 1/2) + (1 × 6 × 1/2) = 0
S = 7.5 + 12 − 2.5 + 0 = 17㎡
接する部分の長さ　L = 5 + 12 + 5 + 12 = 34 m
これより，$S／L$ = 17／34 = 0.5 m
したがって，地盤面は　FL1より 0.5 m上となる。

6 面積・高さ・階の数

図に示す敷地，建築物における**敷地面積，建築面積，延べ面積**および**高さ，階の数**を算定しなさい。

ただし，高さの算定にあたっては，法第56条の2第1項による高さの検討のためのものである。また，図中の法第42条第2項による道路は，特定行政庁が指定し，同条第1項の区域の指定はないものとする。

HINT
令第2条二号〜八号

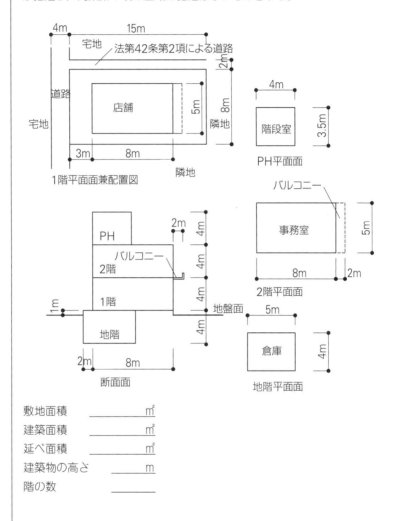

敷地面積 ＿＿＿＿＿ ㎡
建築面積 ＿＿＿＿＿ ㎡
延べ面積 ＿＿＿＿＿ ㎡
建築物の高さ ＿＿＿＿＿ m
階の数 ＿＿＿＿＿

p.178 に解答あり

04 建築物の設計と手続き

建築物を作るのは，確認申請をはじめとした手続きが必要である。また，一級・二級または木造建築士でなければ設計できない建物があり，資格との関係も理解しなければならない。

1. 設計に関する用語（法第2条十号～十六号、三五号）

(1) 設　計

建築物の工事を実施するために必要な設計図書を作成することをいい，設計者はその設計を行うものをいう。

(2) 設計図書

建築工事を実施するために必要な図面と仕様書や構造計算書をいう。確認申請に必要な設計図書は，施行規則により，建物の規模や用途ごとに定められている。

(3) 工事監理者

工事を設計図書と照合し，それが設計図書通りに施工されているかを確認するものをいう。建築士法により，工事監理の定義はされている。

(4) 工事施工者

建築物や工作物に関する工事の請負人をいい，工事契約によらないで工事を行う場合は，建築主が工事施工者となる。

(5) 特定行政庁

建築主事をおく市町村の区域では，その市町村長をいい，その他の市町村では，都道府県知事をいう。

(6) 建築主

建築物に関する工事の請負契約の註文者又は，請負契約によらないで自らその工事をする者をいう。

POINT
特定行政庁というと難しく聞こえるが，通常は確認申請や検査を行う市役所，区役所，町役場などの建築担当の部署である。「建築指導課」などと呼ばれるところが多い。
そのほかに，役所には都市計画法を管轄する「都市計画課」，道路を管理する「道路管理課」などがある。

Memo　確認申請と許可申請

「確認申請」は、建築行為を行う場合に必要であるが、建築基準法などの建築関連規定に適合していれば、特定行政庁や審査機関は受理し、手続きがされる。これと似たような言葉で混同されがちなものに「許可申請」がある。これは、本来建築できない建築物を，さまざまな条件を備えることで建築できるようにするもので、あくまでも許可であるので、その決定は行政にゆだねられる。（建築審査機関の審査等がある。）
都市計画法の開発行為などがこれにあたる。

2. 確認申請（法第6条，第6条の2，第6条の4）

　建築主が，計画が法令に適合しているかどうかの審査を，行政庁又は民間の審査機関において受けることをいう。

(1) 確認申請を必要とする建築物

REFER
法第6条〜第7条の6

POINT
用途変更をして，200㎡を超える特殊建築物となる場合は，確認申請が必要となる。ただし，類似の用途への変更の場合は除く。（法第87条第1項）

適用区域	用途・構造		条文	規模
全国適用	（一）	特殊建築物	法第6条1項一号	床面積の合計が200㎡を超えるもの
	（二）	大規模木造建築物	法第6条1項二号	次の①〜④にあてはまるもの ①階数3以上 ②延べ面積が500㎡を超えるもの ③高さが13mを超えるもの ④軒の高さが9mを超えるもの
	（三）	木造以外の建築物	法第6条1項三号	次の①〜②にあてはまるもの ①階数2以上 ②延べ面積が200㎡を超えるもの
都市計画区域内準都市計画区域内知事指定区域内	（四）	（一）〜（三）以外のすべての建築物	法第6条1項四号	規模に関係ない

(2) 確認申請が不要な場合

・**防火・準防火地域以外**で建築物を増築・改築・移転し，その床面積が**10㎡以内の場合**は，**確認申請は必要ない。**

・法第6条第1項四号の都市計画区域内などにある建築物の大規模な修繕，大規模な模様替え

・国・都道府県などが建築する場合

・応急仮設建築物，工事用の現場事務所

・宅地造成規制法の許可を受けた擁壁

・類似の用途相互間の用途変更

・軽微な変更

・耐震改修促進法第5条による計画の認定を受けたもの

(3) 確認申請と設計図書

　確認申請には，確認申請書と設計図書を提出する。必要な設計図書は，次ページ表のとおりである。

A

B

C

D

E

F

G

H

建築物の用途・規模など			添付設計図書
①	木造	2階建以下でかつ延べ面積が500㎡以下	・建築計画概要書 ・付近見取図 ・配置図 ・各階平面図 ・屎尿浄化槽又は合併処理浄化槽の見取り図
	非木造	平屋でかつ延べ面積が200㎡以下	
②		法第6条1項一号の特殊建築物で，その用途の部分の床面積の合計が200㎡を超えるもの	①の設計図書のほか ・立面図（2面以上） ・断面図（2面以上）
③	大規模建築物（木造）	3階以上，延べ面積500㎡を超えるもの 高さ13mを超えるもの 軒高9mを超えるもの	①の設計図書のほか ・基礎伏図 ・各階床伏図 ・小屋伏図 ・構造詳細図 ・構造計算書
	大規模建築物（非木造）	2階建て以上又は延べ面積が200㎡を超えるもの	

3. 中間検査（法第7条の3，令第11条・第12条）

　建築主は，確認申請書を提出した建築物に特定工程が含まれる場合は，その特定工程の工事を終えた日から4日以内に，建築主事又は指定確認検査機関に中間検査の申請をしなければならない。

特定工程とは

　特定行政庁が指定するもので，区域，期間，建築物の構造，用途規模を限り，建築主事が建築基準関係規定に適合しているかを，施工中に検査することが必要な工事の工程をいう。

4. 完了検査（法第7条）

　建築主は，確認申請を提出した建築物の工事が完了したら，建築主事又は指定確認検査機関に検査を申請しなければならない。

POINT
原則として，**工事完了後4日以内**に，完了検査を申請しなければならないが，災害その他のやむをえない理由があるときはこの限りでない。

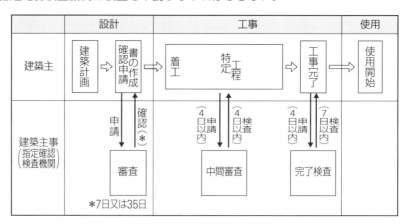

図26　手続きの流れ

演習問題　手続き

1　手続き

次の行為のうち，建築基準法上，全国どの場所においても，**確認済証の交付を受ける必要があるもの**はどれか。

(1) 鉄骨造3階建，延べ面積300㎡における床面積10㎡の増築
(2) 鉄骨造平屋建，延べ面積200㎡の機械製作工場の大規模の修繕
(3) 鉄筋コンクリート造，高さ2mの擁壁の築造
(4) 木造2階建，延べ面積250㎡，高さ8mの貸事務所から飲食店への用途の変更
(5) 木造2階建，延べ面積100㎡，高さ9mの集会場の新築

2　手続き

次の行為のうち，建築基準法上，全国どの場所においても，**確認済証の交付を受ける必要があるもの**はどれか。

(1) 鉄骨造平家建，延べ面積100㎡の遊技場の大規模の模様替
(2) 鉄骨造平家建，延べ面積300㎡のゴルフ練習場からバッティング練習場への用途の変更
(3) 鉄骨造2階建，延べ面積300㎡の工場における鉄骨造，床面積10㎡の倉庫の増築
(4) 鉄筋コンクリート造平家建，延べ面積100㎡の自動車修理工場の新築
(5) 鉄筋コンクリート造2階建，延べ面積90㎡からの一戸建住宅の大規模の修繕

3　手続き

次の記述のうち，建築基準法上，**誤っているもの**はどれか。

(1) 特定行政庁，建築主事又は建築監視員は，建築物の工事管理者に対して，当該建築物の施工の状況に関する報告を求めることができる。
(2) 指定確認検査機関は，中間検査の引受けを行った場合においては，その旨を証する書面を建築主に交付するとともに，その旨を建築主事に通知しなければならない。
(3) 指定確認検査機関は，中間検査を行った場合においては，中間検査報告書を建築主事に提出しなければならない。
(4) 指定確認検査機関が，工事の完了の日から4日が経過する日までに，完了検査を引き受けた場合においては，建築主は，建築主事に完了検査の申請をすることを要しない。
(5) 建築物の新築工事の完了検査の申請が受理された後においては，当該建築物の完了検査の検査済証の交付を受ける前の仮使用の承認をするのは，建築主事である。

HINT
法第6条
法別表第1
法第15条の2

Keyword：
　　工作物への準用
　　法第88条
　　令第138条
　　用途変更
　　法第87条
　　令第137条の18

法第7条の2
法第7条の3

p.178 に解答あり

B 建築物の構造耐力に関する法

木造の構造の規定には，柱・はり等の横架材・構造耐力上有効な軸組などがある。（02 木造）

01 構造計算

建築物の規模・構造等により，構造計算が必要であるか否かが決められている。また構造計算の方法も規定されている。

1. 構造計算が必要な建築物（法第20条）

(1) 構造計算が必要な建築物

① 高さが **60 m を超える**「超高層建築物」（一号）
② 高さが **60 m 以下**の「大規模な建築物」（二号）
 ・木造（高さ **13 m 超**又は**軒の高さ 9 m 超**）
 ・鉄骨造など（**階数 4 以上等**）
 ・鉄筋コンクリート造（**高さ 20 m 超等**）
③ 上記以外で「中規模な建築物」（三号）
 ・木造（**3 階建以上**又は**延べ面積 500 ㎡超**）
 ・木造以外（**2 階建以上**又は**延べ面積 200 ㎡超**）

POINT
エキスパンションジョイント等で構造上別棟となっていれば，構造耐力規定は，**別々の建物として適用できる。**
（法第20条第2項）

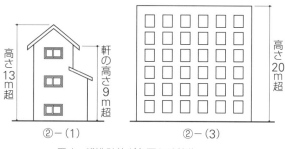

②－(1)   ②－(3)
図1　構造計算が必要な建築物

(2) 構造計算が不要な建築物

　　上記①～③以外の「小規模な建物」（四号）

　　構造計算は不要だが，令第36条から令第80条の3までの規定を満たしていること。

REFER
令第36条～令第80条の3：☞ p.33～

例－木造2階建（小規模）専用住宅等

図2　構造計算が不要な建築物

2. 構造計算の種類（令第81条・第82条）

(1) 構造計算の種類

建築物の種類に応じ，次のような方法がある。

REFER
令第81条
第1項：
超高層建築物について
第2項一号：
大規模な建築物のうち，高さが31 m超
第2項二号：
大規模な建築物のうち，高さが31 m以下
第3項：
中規模建築物について

上記番号	建築物の規模	構造計算の方法
①	超高層建築物	告示に定める特別な構造計算（時刻暦応答解析等）
②，③	大規模な建築物，中規模な建築物	特別な方法を用いない限り，下記のいずれか。 ・許容応力度等計算 ・限界耐力計算

(2) 許容応力度計算 (令第 82 条)

荷重・外力等により，建築物に長期又は短期に生ずる力による建築物の構造耐力上必要な部分に生ずる**応力度を計算し，その値が許容応力度を超えないことを確認する**もの（1 次設計という）。大規模な建築物については，層間変形角・保有水平耐力・剛性率・偏心率の計算を行う（2 次設計という）。

REFER
層間変形角：令 第 82 条の 2
保有水平耐力：令 第 82 条の 3
剛性率：令第 82 条の 6-二号イ
偏心率：令第 82 条の 6-二号ロ

| 荷重・外力による応力度 | ≦ | 構造上主要な部分の許容応力度 |

許容応力度より小さいことを確認する

図 3 許容応力度計算（1 次設計）の概要

応力の種類と組合せ

REFER
令第 82 条第 1 項二号一表

力の種類	荷重・外力の状態	応力度	
		一般地域	多雪地域
長期の応力	常時	G + P	G + P
	積雪時		G + P + 0.7S
短期の応力	積雪時	G + P + S	G + P + S
	暴風時	G + P + W	G + P + W
			G + P + 0.35S + W
	地震時	G + P + K	G + P + 0.35S + K

G：固定荷重によって生ずる力　　W：風圧力によって生ずる力
P：積載荷重によって生ずる力　　K：地震力によって生ずる力
S：積雪荷重によって生ずる力

(3) 限界耐力計算 (令第 82 条の 5)(令第 36 条第 2 項二号)

REFER
耐久性関係規定：令第 36 条第 1 項内で規定する条文　☞ p.33

許容応力度計算によらずに計算する方法で，荷重及び外力を受けた建築物の変形及び生ずる力を計算することによって，建築物の損傷あるいは倒壊又は崩壊しない限界を，外力の規模によって計算する方法。限界耐力計算により安全性が確認された建築物は，構造強度規定に関しては，耐久性関係規定のみ適合すればよい。

3. 荷重・外力 (令第 83 条〜令第 88 条)

① 固定荷重 (令第 84 条)
固定荷重は一般的に，令第 84 条の表の値によって計算する。固定荷重とは，建築物自身の重量。
② 積載荷重 (令第 85 条)
積載荷重は一般的に，令第 85 条の表の値で計算する。
③ 積雪荷重 (令第 86 条)
積雪荷重は，積雪の単位荷重に屋根の水平投影面積と，地方における垂直積雪量を乗じて計算する。積雪の単位荷重とは，積雪量 1cm ごとに 1 ㎡につき **20N 以上**とする。

POINT
倉庫業を営む倉庫における床の積載荷重は，計算値が 3900N／㎡未満の場合でも，**3900 N／㎡**としなければならない。倉庫以外の建築物において，構造計算の積載荷重は建築物の実況に応じて計算することができる。

ただし，特定行政庁は，地域により多雪区域を指定し，その区域には異なる定めができる。

④ 風圧力（令第87条）

風圧力は，速度圧に風力係数を乗じて計算する。速度圧は令第87条第2項の式によって求められる。

建築物に対する風を，有効に遮ることができる他の建築物・防風林などがある場合，その方向の速度圧は1/2まで減らすことができる。

⑤ 地震力（令第88条）

地上と地下に分け，次の式で求められる。

地上部の地震力＝（固定荷重＋積載荷重）×地震層せん断力係数

　　（特定行政庁が指定する多雪区域では，さらに積雪荷重を加える）

地下部の地震力＝（当該部分の固定荷重＋積載荷重）×水平震力

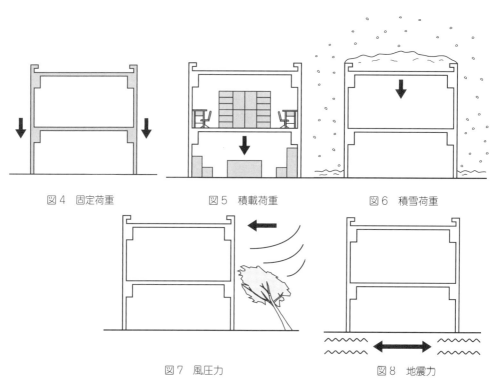

図4 固定荷重　　　図5 積載荷重　　　図6 積雪荷重

図7 風圧力　　　図8 地震力

4. 許容応力度と材料強度（令第89条～令第94条）

木材・鋼材・コンクリート・溶接・高力ボルト接合について，圧縮・引張り・曲げ・せん断の長期・短期について，それぞれの許容応力度を規定している。又，地盤と基礎杭に関しては，地盤の種類に対し長期・短期をそれぞれ規定している。

5. 構造計算の有無に係わらず適用される規定（令第36条）

(1) 耐久性等関係規定

　建築物の耐久性や品質を規定しているもので，構造計算の有無に係わらず適用しなければならないものを，**耐久性等関係規定**と呼ぶ。

耐久性等関係規定

令第36条	構造方法に関する技術的基準	構造設計の原則
令第36条の3	構造設計の原則	
令第37条	構造部材の耐久	
令第38条第1項	基礎（支持力・耐力確保など基礎構造が満たすべき性能基準）	
令第39条第1項	屋根ふき材の緊結（外装材が満たすべき性能基準）	
令第41条	木材（耐久性上必要な品質を確保するための基準）	材料の品質
令第72条	コンクリートの材料	
令第74条	コンクリートの強度	
令第37条	構造部材の耐久	構造部材の耐久性
令第38条第6項	基礎の木杭の耐久性を確保するための条件	
令第49条	外壁内部等の防腐措置等	
令第79条	鉄筋のかぶり厚さ	
令第79条の3	鉄骨のかぶり厚さ	
令第38条第5項	基礎杭（基礎杭の施工時に配慮すべき事項）	施工性
令第75条	コンクリートの養生（コンクリートの養生時に配慮すべき事項）	
令第76条	型わく及び支柱の除去（打設したコンクリートの形状確保のための基準）	
令第70条	鉄骨造の柱の防火被覆	防火性

(2) 構造設計の原則（令第36条～令第38条・第39条第1項・第4項）

　①　構造上主要な部分には，腐食・腐朽・摩損しにくい材料を使用，又は，さび止めなどの措置をした材料を使用しなければならない。（令第37条第1項）

　②　建築物の基礎は，建築物に作用する荷重・外力を安全に地盤へ伝え，かつ，地盤の沈下や変形に対して構造耐力上安全なものでなりればならない。（令第38条第1項）

　③　屋根ふき材・内装材・外装材・帳壁等及び屋上に取り付ける広告塔・装飾塔などは，風圧・地震その他の震動及び衝撃によって脱落しないようにしなければならない。（令第39条第1項）

　④　脱落によって重大な危害を生ずるおそれがあると国土交通大臣が定める**特定天井**の構造は大臣の認定を受けたものとしなければならない。（令第39条第3項）

演習問題　構造計算

1　構造計算

建築物の新築に当たって，建築基準法上，構造計算によって安全性を**確かめる必要がある**ものは，次のうちどれか。ただし，地階は設けないものとし，国土交通大臣が指定する建築物には該当しないものとする。

(1) 木造平家建て，延べ面積 500m²，高さ 6m の建築物
(2) 木造 2 階建て，延べ面積 200m²，高さ 9m の建築物
(3) 鉄骨造平家建て，延べ面積 150m²，高さ 8m の建築物
(4) 鉄骨造 2 階建て，延べ面積 100m²，高さ 7m の建築物
(5) 補強コンクリートブロック造平家建て，延べ面積 180m²，高さ 5m の建築物

2　構造計算

建築物の構造強度に関する次の記述のうち，建築基準法上，**誤っているもの**はどれか。

(1) 仕上げをモルタル塗としたコンクリート造の床の固定荷重は，実況に応じて計算しない場合，当該部分の床面積に150N/m²（仕上げ厚さ1cm ごとに，その cm の数値を乗ずるものとする。）を乗じて計算することができる。
(2) ローム層の長期に生ずる力に対する許容応力度は，国土交通大臣が定める方法による地盤調査を行わない場合，50kN/m²とすることができる。
(3) 構造用鋼材に用いるステンレス鋼の短期に生ずる圧縮，引張り，曲げの許容応力度は，「鋼材等の種類及び品質に応じて国土交通大臣が定める基準強度」とそれぞれ同じ値である。
(4) 雪下ろしを行う慣習のある地方においては，その地方における垂直積雪量が1m を超える場合においても，積雪荷重は，雪下ろしの実況に応じて垂直積雪量を 1m まで減らして計算することができる。
(5) 屋根ふき材，外装材及び屋外に面する帳壁については，国土交通大臣が定める基準に従った構造計算によって風圧に対して構造耐力上安全であることを確かめなければならない。

3　構造計算

建築物の実況によらないで地震力を計算する場合，「建築物の室の種類」と「室の床の積載荷重として採用する数値」との組合せとして，建築基準法に**適合しないもの**は，次のうちどれか。

(1) 店舗の売場に連絡する廊下 2,100N/m²
(2) 自動車車庫 2,000N/m²
(3) 学校の屋上広場 1,100N/m²
(4) 事務室 800N/m²
(5) 住宅の居室 600N/m²

p.178 に解答あり

構造計算を必要としない木造の建築物の構造については，さまざまな仕様規定があり，住宅などの建築物でも耐力壁の配置などを検討しなければならない。

1. 適用の範囲（令第 40 条）

令第 40 条〜令第 49 条の規定は，木造の建築物や木造と組積造等を併用する建築物の木造の構造部分に適用する。

POINT
茶室・あづまや，延べ面積が **10 ㎡以内**の物置，納屋などは適用除外となる。（令第 40 条）

2. 土台及び基礎（令第 42 条）

構造耐力上主要な部分である柱で，最下階の部分に使用するものの下部には，**土台を設けなければならない**。又，土台は基礎に緊結しなければならい。ただし，下記の場合は土台を設けなくてもよい。

① 柱を基礎に緊結した場合。

② 平家建ての建築物で足固めを使用した場合。

3. 柱（令第 43 条）

① 柱の小径（1 項）

構造耐力上主要な部分である柱の小径は，下記の通りとする。

| 柱の小径 | ≧ | 構造耐力上主要な部分である横架材の相互間の垂直距離 | × | 令 第 43 条の表の割合 |

POINT
有効細長比とは，断面の最小二次率半径に対する座屈長さの比をいう。
☞関連 p.42

令第 43 条の表

		柱間隔 10 m 以上の柱，学校・劇場・集会場等の建築物の柱		左欄以外の柱	
		最上階又は平屋	その他の階	最上階又は平屋	その他の階
(1)	土蔵造などの特に重い壁の建築物	$\frac{1}{22}$	$\frac{1}{20}$	$\frac{1}{25}$	$\frac{1}{22}$
(2)	金属板など軽い屋根の建築物	$\frac{1}{30}$	$\frac{1}{25}$	$\frac{1}{33}$	$\frac{1}{30}$
(3)	日本瓦など重い屋根の建築物	$\frac{1}{25}$	$\frac{1}{22}$	$\frac{1}{30}$	$\frac{1}{28}$

横架材の相互間の垂直距離にかける表の割合は，木材の材種に関係なく同じ数値である。

$$有効細長比 = \frac{L_k}{i}$$

断面の最小二次率半径 i は，柱の断面積 S を基に算出される数値。

② 地階を除く階数が 2 を超える建築物の1 階の柱の小径は，**13.5cm 以上**とする。(2 項)

③ 柱の所要断面積の **1/3 以上を欠き取る場合**は，その部分を**補強**する。(4 項)

④ 階数が 2 以上の建築物における**隅柱等は，通し柱**としなければならない。(5 項)

⑤ 構造耐力上主要な部分である柱の**有効細長比は，150 以下**としなければならない。(6 項)

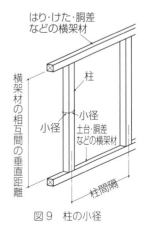

図9 柱の小径

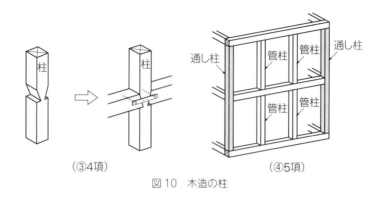

（③4項）　　　　　　　　（④5項）

図 10　木造の柱

4．はり等の横架材・筋かい（令第 44 条・第 45 条）

① はり・けた等の横架材には，その中央部附近の下側に耐力上支障のある**欠込みをしてはならない。**（令第 44 条）

② 引張力を負担する筋かいは，**厚さ 1.5cm 以上**で，**幅 9cm 以上の木材**又は **9mm 以上の鉄筋**を使用する。（令第 45 条第 1 項）

③ 圧縮力を負担する筋かいは，**厚さ 3cm 以上**で，**幅 9cm 以上の木材**を使用したものとしなければならない。（令第 45 条第 2 項）

④ 筋かいは，その端部を柱とはり等の横架材の仕口に近接させ，ボルト・かすがい・くぎその他の**金物で緊結**しなければならない。（令第 45 条第 3 項）

⑤ 筋かいには，たすきがけにするために補強を行った場合を除き，**欠込みをしてはならない。**（令第 45 条第 4 項）

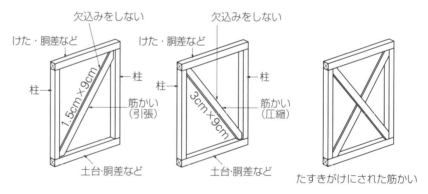

図 11　はり等の横架材・筋かい

5. 構造耐力上必要な軸組等（壁量計算）（令第 46 条）

(1) 壁量計算の概要（4 項）

壁量の検討は，**地震力**に対してと**風圧力**に対しての二つの検討を行い，いずれに対しても安全でなければならない。なお，風圧力に対しては，**張り間方向とけた行方向**は異なる値をとるので，それぞれの方向に対しての検討が必要となる。

地震力に対して必要な壁量

> その階の床面積×令第 46 条 表 2 の数値

風圧力に対して必要な壁量

> その階の各方向の見付面積－床面から高さ1.35 mの部分の見付面積 ×令第46条表3の数値　≦　設計軸組長さ × 令第 46 条 表1の数値

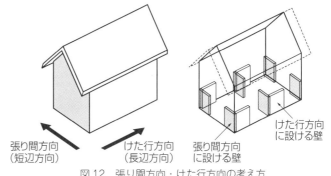

張り間方向（短辺方向）　けた行方向（長辺方向）　張り間方向に設ける壁　けた行方向に設ける壁

図 12　張り間方向・けた行方向の考え方

(2) 設計軸組の長さにかける数値（令第 46 条 4 項）

設計軸組長さは，軸組長さに，令第 46 条 表 1 の値をかけて求められる。表 1 の値は，軸組の構造により異なる。なお，本表以外にも合板やボードなども有効で，いくつかのものを組み合わせた場合は，倍率も合算できる。

> 設計軸組長さ（軸組の実長）×表 1 の数値 ＝ **有効軸組長さ**

令第 46 条 表 1

軸組の種類	土塗壁	柱・間柱に木ずり等を打ちつけた壁	筋かいが径 9 mm以上の鉄筋	木材の筋かい			
				1.5 cm×9 cm以上	3 cm×9 cm以上	4.5 cm×9 cm以上	9 cm角以上
倍率	0.5	片面打ち0.5	1	1	1.5	2	3
		両面打ち1	たすきがけの場合は上記の 2 倍				たすきがけの場合は5

POINT
令第 46 条 表 1 (8) で，(1) 〜 (7) で定めるものと同等と認めるものは，建告 1100 号で定めている。この中で構造用合板や石こうボードなども定めている。

土塗壁　　　木ずりを打ち付けた壁　　鉄筋の筋かい　　木材の筋かい

図 13　軸組の種類の例

Example　有効軸組長さの計算

・図の軸組の有効長さを算定する。

図において長さ 1.8 m の軸組で，3cm × 9cm の筋かいをたすき掛けに入れたものの倍率を計算する。

令第 46 条 - 表 1 より
倍率 = 1.5 × 2 = 3

よって，軸組の有効長さは
1.8 × 3 = 5.4 m
と算定される。

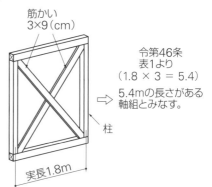

筋かい
3×9(cm)

令第46条
表1より
(1.8 × 3 = 5.4)
5.4mの長さがある
軸組とみなす。

柱

実長1.8m

---

(3) 地震力に対する検討　（令第 46 条 4 項）

　次の式により地震力に対して必要とれる軸組の長さを求める（地震力に対しては，**張り間方向とけた行方向は同じ値**となる）。

その階の床面積 × （表 2 の数値）＝**地震力に対して必要な軸組長さ**

令第 46 条 表 2　階の床面積に乗ずる数値（単位 cm ／㎡）

建築物	平屋建	2 階建		3 階建		
		1 階部分	2 階部分	1 階部分	2 階部分	3 階部分
土蔵造・瓦ぶきなどの**重い屋根**	15	33	21	50	39	24
金属板などの**軽い屋根**	11	29	15	46	34	18

(4) 風圧力に対する検討　（令第 46 条 4 項）

　次の式により，風圧力に対して必要とされる軸組の長さを求める。なお，風圧力に対しては，張り間方向とけた行方向の，各方向ごとに検討する。

> （その階の各方向の見付面積－
> その階の床面から高さ 1.35 m 以下の部分の見付面積）
> ×（表 3 の数値）＝ **風圧力に対して必要な軸組長さ**

令第 46 条 表 3

区　　域	見付面積に乗ずる数値（単位 cm／㎡）
特定行政庁が指定した強風区域	50〜75 の範囲で特定行政庁が定める数値
一般の区域	50

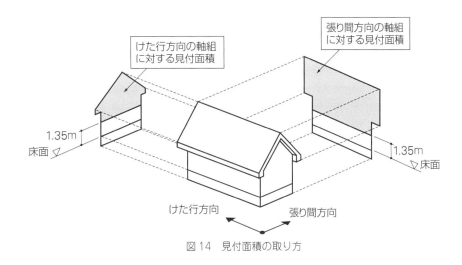

図 14　見付面積の取り方

(5) 判　定

　有効軸組長さ，地震力に対して必要な軸組長さ，風圧力に対しての軸組長さの算定結果を判定し，有効軸組長さが不足していたら，必要量を満たすよう補足する。また，国土交通大臣が定める基準に従って**釣合いよく設置**しなければならない。釣合いがよい配置は，告示にて規定されている。（平成 12 年建設省告示第 1352 号）

6. 構造耐力上主要な部分である継手又は仕口 (令第 47 条)

　構造耐力上主要な部分である継手又は仕口は，ボルト締・かすがい打・込み栓打等でその部分の存在応力を伝えるように，緊結しなければならない。緊結方法は，国土交通大臣が告示によって定めている。（平成 12 年建設省告示第 1460 号）

7. 外壁内部等の防腐措置等 (令第 49 条)

　① 外壁で，鉄鋼モルタル塗等軸組が腐りやすい構造である部分の地下には**防水紙等を使用**しなければならない。(1 項)

　② 柱・筋かい・土台のうち，**地面から 1 m 以内**の部分には**防腐措置**を講じ，シロアリ等の害を防ぐ構造としなければならない。(2 項)

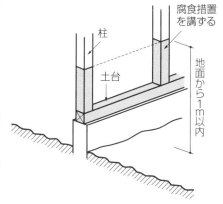

図 15　地面から 1 m の範囲の防腐措置

演習問題　木　造

1　木　造

HINT
令第 46 条第 4 項

図のような立面を有する瓦葺屋根の木造 2 階建て，延べ面積 140m^2 の建築物に設ける構造耐力上必要な軸組を，厚さ 4.5cm ×幅 9cm の木材の筋かいを入れた軸組とする場合，1 階の張り間方向の当該軸組の長さの合計の最小限必要な数値として，建築基準法上，**正しいもの**は，次のうちどれか。ただし，小屋裏等に物置等は設けず，区域の地盤及び風の状況に応じた「地震力」及び「風圧力」に対する軸組の割増はないものとし，国土交通大臣が定める基準に従った構造計算は行わないものとする。

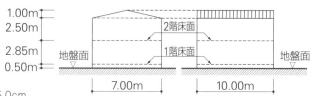

(1) 1,015.0cm
(2) 1,155.0cm
(3) 1,250.0cm
(4) 1,375.0cm
(5) 1,587.5cm

p.178 に解答あり

03 その他の構造

木造以外（CB・S・RC 造）の建築物の構造については，構造計算とは別にさまざまな仕様規定がある。

1．補強コンクリートブロック造（令第 62 条の 2 ～令第 62 条の 8）

（1）耐力壁（令第 62 条の 4）

①　耐力壁で囲まれた部分の水平投影面積は，**60 ㎡以下**とする。

②　各階の張り間方向・けた行方向に配置する補強コンクリートブロック造の耐力壁の長さは，床面積 **1 ㎡につき 15cm 以上**とする。

③　耐力壁の厚さは，**15cm 以上**で，かつ，耐力壁の水平力に対する**支点間の距離の 1/50 以上**とする。

④　端部・隅角部に径 **12mm 以上**の鉄筋を縦に配置するほか，径 9mm 以上の鉄筋を**縦横に 80cm 以内**の間隔で配置する。

（2）塀（令第 62 条の 8）

①　高さは **2.2 m以下**とする。

②　壁の厚さは **15cm**（高さ 2 m以下の塀は 10cm）以上とする。

③　壁頂・基礎には横に，壁の端部・隅角部には縦に，それぞれ径 9mm 以上の鉄筋を配置する。

④　壁内には，径 **9mm 以上**の鉄筋を縦横に **80cm 以下**の間隔で配置する。

⑤　長さ **3.4 m以下**ごとに，高さの **1/5 以上**突出した控壁を設ける。

⑥　鉄筋の末端は，かぎ状に折り曲げて，縦筋は壁頂，基礎の横筋に，横筋はこれらの縦筋に，それぞれかぎかけして定着すること。

⑦　基礎の丈は **35cm 以上**とし，根入れの**深さは 30cm 以上**とする。

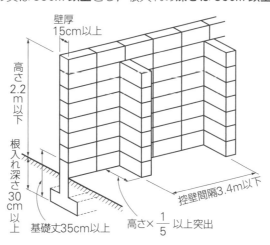

図 16　補強コンクリートブロック造の塀

2．鉄骨造（令第 63 条〜令第 70 条）

（1）圧縮材の有効細長比（令第 65 条）

REFER
有効細長比☞ p.35

柱は 200 以下，柱以外のものは 250 以下とする。

（2）柱の脚部（令第 66 条）

柱の脚部は，アンカーボルトなどで基礎に緊結する（滑接構造は除く）。

（3）接合（令第 67 条）

鋼材の接合は，**高力ボルト接合・溶接接合・リベット接合**による。建築物の規模が小さい場合は，ボルト接合であってもよい。

（4）高力ボルト・ボルト及びリベット（令第 68 条）

① 相互間の中心距離は，その**径の 2.5 倍以上**とする。

② 高力ボルト孔の径は，高力ボルトの径**＋ 2mm** とする。

③ ボルト孔の径は，ボルトの径**＋ 1mm** とする。

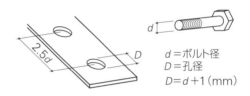

d＝ボルト径
D＝孔径
D＝d＋1（mm）

図 17　ボルトピッチと径

3．鉄筋コンクリート造（令第 71 条〜令第 79 条）

（1）鉄筋の継手及び定着（令第 73 条）

① 鉄筋の末端はかぎ状に折り曲げ，コンクリートから抜け出さないように定着する。

② 主筋等の継手の重ね長さは，主筋等の径の **25 倍以上**とする（継手を構造部材における引張力の最も小さい部分以外に設ける場合は，**40 倍以上**）。

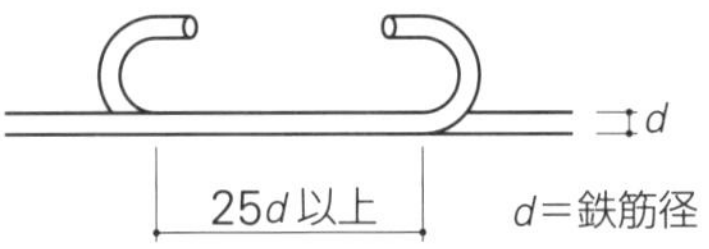

$25d$以上　d＝鉄筋径

図 18　鉄筋の継手の重ね長さ

③ 柱に取り付ける引張りの鉄筋は，柱に定着される部分の長さをその径の **40 倍以上**とする。

（2）コンクリートの強度（令第 74 条）

コンクリートの 4 週圧縮強度は，1mm^2 につき **12N 以上**とする。

（3）コンクリートの養生（令第 75 条）

コンクリート打込み中及び打込み後 5 日間は，**コンクリートの温度が 2 度を下がらないようにし**，乾燥・震動等によってコンクリートの凝結及び硬化が妨げられないようにする。

(4) 柱の構造（令第 77 条）

① **主筋は 4 本以上**とする。

② 主筋は帯筋と緊結する。

③ 帯筋の径は 6mm 以上とし，その間隔は 15cm 以下（柱の小径の 2 倍以内の上下端部は 10cm 以下）で，かつ最も細い主筋の径の 15 倍以下とする。

④ 帯筋比（コンクリートの断面の面積に対する帯筋の断面積の割合）は，**0.2％以上**とする。

⑤ 柱の小径は，その構造上主要な支点間距離の 1/15 以上とする。

図中ラベル：あばら筋／帯筋間隔 10cm 以下／帯筋間隔 15cm 以下／主筋／帯筋／構造上主要な支点間距離／α：柱の上下端部（柱の小径の 2 倍以内の範囲）

図 19　柱の鉄筋

(5) 床版の構造（令第 77 条の 2）

① 厚さは **8cm 以上**，かつ，短辺方向における有効張り間長さの **1/40** 以上とする。

② 最大曲げモーメントを受ける部分における引張鉄筋の間隔は，**短辺方向において 20cm 以下**，**長辺方向において 30cm 以下**で，かつ，床版の厚さの 3 倍以下とする。

(6) はりの構造（令第 78 条）

はりは複筋ばりとし，これにあばら筋をはりの丈の **3/4**（がりょうでは 30cm）以下の間隔で配置する。

(7) 耐力壁（令第 78 条の 2）

① 厚さは **12cm 以上**とする。

② 開口部周囲に**径 12mm 以上**の補強筋を配置する。

③ 径 9mm 以上の鉄筋を**縦横に 30cm**（複配筋とする場合は 45cm）以下の間隔で配置する。

④ 壁式構造の耐力壁は，**長さ 45cm 以上**とする。

(8) 鉄筋のかぶり厚さ（令第 79 条）

POINT
鉄筋のかぶり厚さは，柱・はりなどの帯筋やあばら筋の外側からコンクリートの外端までの距離である。

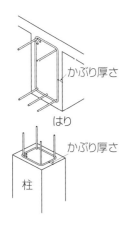

かぶり厚さ／はり／かぶり厚さ／柱

	耐力壁以外の壁・床	耐力壁・柱・はり	直接土に接する壁・柱・床・はり・布基礎の立ち上がり	基礎（布基礎の立ち上がりを除く）
かぶり厚さ	2cm 以上	3cm 以上	4cm 以上	6cm

演習問題　その他の構造

1　補強コンクリートブロック造

HINT
令第 62 条の 8

補強コンクリートブロック造の塀に関する次の記述のうち，建築基準法に**適合しないもの**はどれか。ただし，構造計算等による安全性の確認等は行わないものとし，国土交通大臣が定めた構造方法及び国土交通大臣の認定は考慮しないものとする。

(1) 塀は，高さを 2.2m，壁の厚さを 10cm とした。

(2) 塀の壁内には，径 9mm の鉄筋を縦横に 80cm の間隔で配置した。

(3) 高さ 2m の塀に，長さ 3.2m ごとに，径 9mm の鉄筋を配置した控壁で基礎の部分において壁面から高さの 1/5 以上突出したものを設けた。

(4) 塀の壁内に配置する鉄筋の縦筋をその径の 40 倍以上基礎に定着させたので，縦筋の末端は，基礎の横筋にかぎ掛けしなかった。

(5) 塀の基礎で直接土に接する部分の鉄筋に対するコンクリートのかぶり厚さは，捨コンクリート部分を除いて 6cm とした。

2　鉄骨造

鉄骨造平家建，延べ面積 200 ㎡の建築物に関する次の記述のうち，建築基準法上，**誤っているもの**はどれか。ただし，構造計算等による安全性の確認は行わないものとする。

(1) 鋳鉄は，引張り応力が生ずる構造耐力上主要な部分には，使用してはならない。

(2) ボルトの相互間の中心距離は，その径の 2.5 倍以上としなければならない。

(3) 構造耐力上主要な部分である柱の脚部は，滑節構造であっても，基礎にアンカーボルトで緊結しなければならない。

(4) ボルトの径が 20mm 未満である場合，ボルト孔の径は，ボルトの径より 1mm を超えて大きくしてはならない。

(5) 構造耐力上主要な部分で特に腐食，腐朽又は摩損のおそれのあるものには，腐食，腐朽若しくは摩損しにくい材料又は有効なさび止め，防腐若しくは摩損防止のための措置をした材料を使用しなければならない。

p.178 に解答あり

C 建築物の防火に関する法

火災の拡大を防ぐために防火区画があり，防火区画にあたる
開口部には防火戸を設けなければならない。
階段などは火災時に自動的に閉まる防火戸が使われることが
多い。（04 防火区画）

大規模建築物等

火災から人命や財産を守るためにさまざまな防火上の規定があり，大規模な建築物等については独自の規定がある。

1. 大規模の建築物の主要構造部等（法第 21 条第 1 項）

REFER
法第 21 条

REFER
特定主要構造部 ☞ 法第 2 条第九号の二 - イ p.13

POINT
これにより大規模木造建築物でも準耐火構造が可能となる。

① 次のいずれかに該当する建築物は，その**特定主要構造部**を通常火災終了時間が経過するまでの間，倒壊や延焼を防止できる構造方法を用いるもの又は国土交通大臣の認定を受けたものとしなければならない。

【一号】地階を除く階数が 4 以上の建築物

【二号】高さが 16 m を超える建築物

【三号】倉庫，自動車車庫などで高さが 13 m を超える建築物

・大規模の建築物の主要構造部の性能（令第 109 条の 5）

※通常の火災により加熱が加えられた際，加熱開始後下表の時間，構造耐力上支障のある変形，溶融，破壊，その他の損傷を生じないこと

壁	間仕切壁（耐力壁）	通常火災終了時間
	外壁（耐力壁）	
柱		
床		
はり		
屋根（軒裏を除く）・階段		30 分間

※壁，床，屋根の軒裏は加熱開始後，通常火災終了時間，加熱面以外の屋内の面の温度が可燃物燃焼温度以上に上昇しないこと

※外壁，屋根は屋内の火災による加熱開始後，通常火災終了時間，屋外に火炎を出す原因となる亀裂その他の損傷を生じないこと

② 延べ面積が 3000m² を超える大規模建築物（法第 21 条第 2 項）

その壁，柱，床その他の建築物の部分又は防火設備などを一定の防火性能に適合する構造方法を用いるもの又は国土交通大臣の認定を受けたものとしなければならない。ただし，令第 109 条の 6 に規定される延焼防止上有効な空地があれば緩和される。

2. 大規模の木造建築物等の外壁等（法第 25 条）

延べ面積が 1000 ㎡を超える木造建築物等は，

外壁，軒裏で延焼の恐れのある部分：防火構造
屋根：法第 22 条第 1 項（屋根不燃化）に規定する構造の屋根

としなければならない。

3. 防火壁等（法第26条）

REFER
防火壁等（令第113条）
☞ p.55

　延べ面積が1000 ㎡を超える建築物は，防火上有効な構造の**防火壁又は防火床によって区画**し，かつ，各区画の床面積を**1000 ㎡以内**としなければならない。ただし，下記の場合，防火壁又は防火床は不要。

・耐火建築物又は準耐火建築物
・卸売市場の上家，機械製作工場等

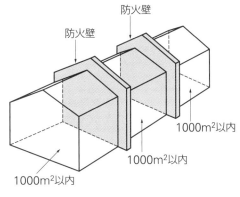

図1　防火壁

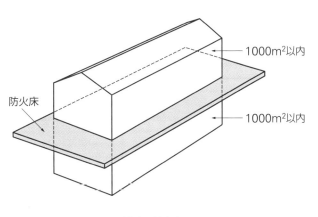

図2　防火床

A

B

C

D

E

F

G

H

02 **法第 22 条の指定区域**

防火地域，準防火地域の定めのない地域においては外壁，屋根の防火上
の規定がある。

1. 法第 22 条の指定区域の屋根 (法第 22 条・第 62 条)

（平成 12 年 5 月 25 日建設省告示第 1365 号）

　法第 22 条の指定を受けた区域内の建築物の屋根は，**不燃材料で造る**か，
又はふいたもの等としなければならない。

POINT
「**法第 22 条区域**」や「**屋根不燃化区域**」などともいう。（法第 22 条・法第 23 条）

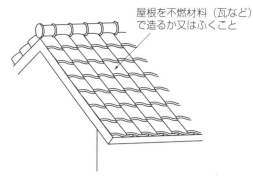

屋根を不燃材料（瓦など）
で造るか又はふくこと

茶室・あずまや等の建築物又は
延べ面積が 10 ㎡以内の物置・納
屋等の屋根で，延焼の恐れのある
部分ではない部分は屋根材の制限
はない。

図 3　法第 22 条指定区域の屋根

REFER
延焼の恐れのある部分（法第 2 条六号）☞ p.12
準防火性能を有する外壁（令第 109 条の 9）

2. 法第 22 条の指定区域の外壁 (法第 23 条・令第 109 条の 9)

　法第 22 条の指定を受けた区域内の木造建築物等の外壁は，延焼の恐れの
ある部分の構造を，**準防火性能を有するもの**としなければならない。

3. 建築物が法第 22 条の指定区域の内外にわたる場合 (法第 24 条)

　建築物の一部が，法第 22 条の指定区域内に属している場合は，**建築物の
すべてに法第 22 条の指定区域に関する各規定を適用する。**

POINT
木造建築物等とは：
その主要構造部の自重又は積載荷重を支える部分（柱・はり・壁）が，木材・プラスチック等の可燃材料でつくられたものをいう。（法第 23 条）

準防火性能とは：
建築物の周囲において発生する通常の火災による延焼の抑制に，一定の効果を発揮するために外壁に必要とされる性能をいう。（法第 23 条）

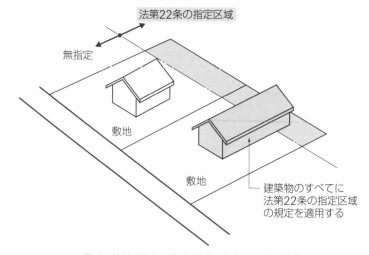

法第22条の指定区域

無指定

敷地

敷地

建築物のすべてに
法第22条の指定区域
の規定を適用する

図 4　法第 22 条の指定区域の内外にわたる場合

特殊建築物の耐火
建築物等の規定

特殊建築物は火災に対しての厳しい規定があり，耐火性からみた構造が
規定されている。

1．特殊建築物の耐火性能（法第 27 条・法別表 1・令第 110 条～第 110 条の 3）

不特定多数の人が集まる建築物，宿泊・就寝を伴う施設，火災の危険度が高い建築物な
どは，より高い防火上の措置が必要である。

法別表第 1

		（い）	（ろ）	（は）	（に）
		用途	（い）欄の用途に供する階	（い）欄の用途に供する部分の床面積の合計	（い）欄の用途に供する部分の床面積の合計
(1)		劇場、映画館、演芸場、観覧場、公会堂、集会場	3階以上の階	客席≧200㎡（屋外観覧席にあっては1,000㎡以上）	
		劇場、映画館、演芸場で主階が1階にないもの			
(2)		病院、診療所（患者の収容施設があるもの）、ホテル、旅館、児童福祉施設等	3階以上の階	2階以上の部分が300㎡以上（病院、診療所では2階に患者の収容施設がある場合）	
		下宿、共同住宅、寄宿舎	3階以上の階※1		
(3)		学校、体育館、美術館、図書館、等	3階以上の階※2	2,000㎡以上	
(4)		百貨店、マーケット、展示場、キャバレー、カフェー、ナイトクラブ、等	3階以上の階	2階以上の部分が500㎡以上	
		上記の用途に供する部分の床面積の合計が3,000㎡以上のもの			
(5)		倉庫　等		3階以上の部分が200㎡以上	1,500㎡以上
(6)		自動車車庫、自動車修理工場、映画スタジオ、等	3階以上の階		150㎡以上
(7)		**危険物の貯蔵場等**			

　　耐火建築物としなければならない。

150㎡ 耐火建築物又は準耐火建築物としなければならない。

　　法第27条第1項第一号・第二号、施行令第110条～110条の3によるものとする。

※ 1　木造 3 階建共同住宅等（いわゆる「木三共（もくさんきょう）」）告示第 255 号で構造等が定義されている。
※ 2　木造 3 階建学校等（いわゆる「木三学（もくさんがく）」）告示第 255 号で構造等が定義されている。
（ろ）欄 (1) ～ (4)　階数が 3 で延べ面積が 200㎡ 未満のものを除く。ただし、(2) で政令で定める用途のもの
　　　　　は一定の警報設備を設けなければならない。

A

B

C

D

E

F

G

H

2. 木造3階建共同住宅・学校等の告示による特例（告示第255号）

(1) 木造3階建共同住宅等（木三共）

① 1時間準耐火基準に適合する準耐火構造とする。

REFER
1時間準耐火基準（令第112条第2項）

② 各宿泊室等に避難上有効なバルコニー等が設けられていること。

③ 建築物の周囲（開口部のある部分のみ）に幅員が3m以上の通路を設けること。

④ 開口部には防火設備等を設けなければならない。

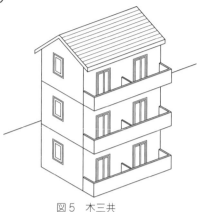

図5　木三共

等があるが，一定の基準による緩和が適用される場合もある。

(2) 木造3階建学校等（木三学）

① 1時間準耐火基準に適合する準耐火構造とする。

② 建築物の周囲（開口部のある部分のみ）に幅員が3m以上の通路を設けること。

等があるが，一定の基準による緩和が適用される場合もある。

04 防火区画

> 火災時に炎や煙が拡大しないように，一定の面積ごとあるいは高層部，竪穴部分，特殊用途部分との間を防火区画しなければならない。

1. 防火区画の種類（令第112条）

防火区画は，下記の4種類に分類される。

面積区画	高層区画	竪穴区画	異種用途区画
一定面積ごとに区画	11階以上の階の区画	階段・吹抜け等の区画	特殊建築物の用途別に区画

2. 面積区画（令第112条1～6項）

REFER
耐火構造（法第2条七号）☞ p.12
準耐火構造（法第2条七の二号）☞ p.12
1時間準耐火基準とは：令第112条第2項の性能をもつもの
防火設備（法第2条九の二号ロ）☞ p.13
特定防火設備：両面1時間の遮炎性能を有する防火設備

大規模な建築物での火災の拡大を防止するために，一定面積以内ごとに防火区画を行い，火災を最小限に抑えようとするものである。

区画対象建築物		区画する面積（※1）	区画方法 床・壁	区画方法 防火設備	適用除外
1項	主要構造部が耐火構造の建築物 / 法第2条第九号の三イもしくはロの建築物 / 第136条の2第一号もしくは二号ロの建築物	≦ 1500 ㎡			① 劇場等の客席，体育館，工場等で用途上やむを得ないもの ② 階段室，昇降機の昇降路で耐火構造，1時間準耐火基準の床・壁，特定防火設備で区画された部分 ③ 建築物の2以上の部分が一定の基準を満たした上で吹抜き等の空間に接する場合，当該2以上の部分と空間部分とは特定防火設備で区画されているものとみなす
4項	・法21条第1項により令第109条の5第一号とした建築物で通常火災終了時間が1時間未満のもの ・法第27条第1項により令第110条第一号とした特殊建築物で特定避難時間が1時間未満のもの ・法第27条第3項による準耐火建築物（令第109条の3二号または1時間準耐火基準を除く） ・法第61条により令第136条の2第二号とした準耐火建築物（準防火地域内の令第109条の3二号または1時間準耐火基準を除く）など	≦ 500 ㎡ かつ，小屋裏・天井裏まで達する防火上主要な間仕切壁を準耐火構造とする	1時間準耐火基準に適合する準耐火構造	特定防火設備	① 自動スプリンクラー設置部分 ② 天井の全部が**強化天井**である階 ③ 準耐火構造の壁または防火設備で区画された部分が強化天井であるもの ④ 下欄①，②
5項	・法第21条1項により令第109条の5第一号とした建築物で通常火災終了時間が1時間以上のもの ・法第27条第1項により令第110条第一号とした特殊建築物で特定避難時間が1時間以上のもの ・法第27条第3項による準耐火建築物で令第109条の3二号または1時間準耐火基準のもの ・法第61条により令第136条の2第二号とした準耐火建築物で準防火地域内の令第109条の3二号または1時間準耐火基準のものなど	≦ 1000 ㎡			① 体育館・工場等で，天井（天井がない場合は屋根）・壁の内装を準不燃材料とした部分 ② 階段室，昇降機の昇降路で耐火構造，1時間準耐火基準の床・壁，特定防火設備で区画された部分

REFER
強化天井（令112条第4項第一号）下方からの通常の火災時の加熱に対してその上方へ延焼を有効に防止できる天井のこと

※1 スプリンクラー設備などの消火設備で自動式のものを設けた部分は，その面積の1/2の床面積を除外することができる。

3．高層区画（令第112条第7項〜10項）

　高層区画は，11階以上の高層建築物には一般のはしご車は届かないため，消防隊の救助が遅れるおそれがあるので，**11階以上の部分**を小区画することにより，被害を最小限に抑えようとするものである。

11階以上の部分を
一定の面積に区画する

図6　高層区画が必要な建築物の例

11階以上の部分の内装仕上げ（壁・天井）の種類		区画する面積（※1）	区画方法		適用除外
			床・壁	防火設備	
7項	難燃材料	≦100 ㎡	耐火構造	防火設備	階段室，昇降機の昇降路（乗降ロビーを含む），廊下その他避難のための部分又は，200㎡以内の共同住宅の住戸で，耐火構造の床・壁（7項は防火設備）で区画された部分（10項）
8項	仕上げ・下地共に準不燃材料（壁で床面からの高さ1.2 m以下の部分を除く）	≦200 ㎡		特定防火設備	
9項	仕上げ・下地共に不燃材料（壁で床面からの高さ1.2 m以下の部分を除く）	≦500 ㎡			

　※1　スプリンクラー設備などの消火設備で自動式のものを設けた部分は，その面積の1/2の床面積を除外することができる。

4．竪穴区画（令第112条第11項〜15項）

　階段室や吹抜け等の部分は，火災時に煙突効果により火煙を伝播してしまうおそれがあるため，**竪穴部分と他の部分**とを防火区画し，これを抑えようとするもの。

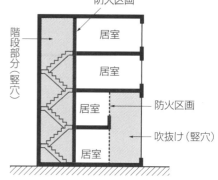

防火区画

居室

居室

居室

居室

階段部分（竪穴）

防火区画

吹抜け（竪穴）

図7　竪穴区画が必要な建築物の部分

	対象建築物	区画する部分	区画方法	適用除外
11項	主要構造部が準耐火構造又は令第136条の2第一号ロもしくは第二号ロの建築物,地階又は3階以上の階に居室がある建築物	竪穴の部分（吹抜け,階段,昇降機の昇降路,ダクトスペース等の竪穴となっている部分（直接外気に開放されている廊下などは除く））とその他の部分	準耐火構造の床・壁又は防火設備	・避難階からその直上階,直下階のみに通ずる吹抜けとなっている部分で,階段等の部分で壁及び天井の仕上げ・下地共に不燃材料で造ったもの ・階数が3以下で延べ面積が200㎡以内の住宅や共同住宅等の住戸の吹抜け,階段,昇降機の昇降路等の部分
12項	3階を病院,診療所（患者の収容施設があるもの）,児童福祉施設等（入所する者の寝室があるもの）の用途の建築物	竪穴の部分とその他の部分	間仕切り壁又は防火設備	・居室,倉庫その他これらに類する部分にスプリンクラー設備等を設けた竪穴部分は10分間防火設備で区画することができる ・火災が発生した場合に避難上支障のある高さまで煙又はガスの降下がないと国土交通大臣が定めるもの
13項	3階をホテルや旅館等とする建築物で,階数が3,延べ面積が200㎡未満のもの	竪穴の部分とその他の部分	間仕切り壁又は戸	・火災が発生した場合に避難上支障のある高さまで煙又はガスの降下がないと国土交通大臣が定めるもの

※上記の竪穴同士が接する場合は、一の竪穴部分とみなす。（14項）

5. 異種用途区画（令第112条第18項）

建築物内に異なる用途に使用される部分がある場合は、それぞれの安全性を図るために、各用途間に防火区画を設ける。

建築物の一部が,下記の用途の場合	区画する部分	区画方法	
		床・壁	防火設備
複合建築物でその一部が,法第27条のいずれかに該当する建築物（18項）	当該用途部分とその他の部分	1時間準耐火構造	特定防火設備

※国土交通大臣が定める基準に従い、警報設備等の設置措置を講じた場合は緩和される。

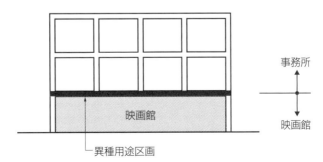

図8 異種用途区画を要する建築物の例

6．防火区画周辺部の構造（令第112条第16項・17項）

防火区画の壁・床が外壁と接している場合は，開口部からの火災拡大防止のため，下図の部分を準防火構造（耐火構造含む）としなければならない。

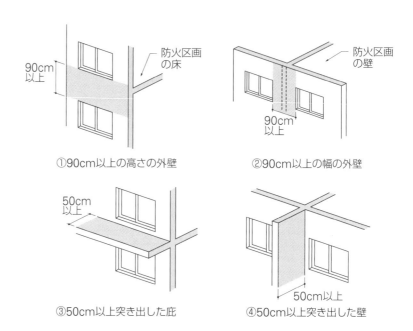

①90cm以上の高さの外壁　　②90cm以上の幅の外壁

③50cm以上突き出した庇　　④50cm以上突き出した壁

図9　防火区画周辺部の構造

7．防火区画を貫通する給水管等の措置（令第112条第20項）

給水管・配電管等が防火区画を貫通する場合，管と区画とのすき間をモルタル等の**不燃材料で埋める**（区画の両側1m以内の範囲の管は，不燃材料で造ること）。（令第129条の2の4第1項七号）

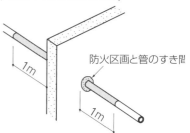

図10　防火区画を貫通する給水管等

8．防火区画を貫通する換気・冷暖房等の設備の風道の措置（令第112条第21項）

風道の区画を貫通する部分又はこれに近接する部分に，**特定防火設備（防火ダンパー）**を設ける。防火ダンパーは，火災時に煙感知又は熱感知と連動し，自動的に閉鎖するものであること。

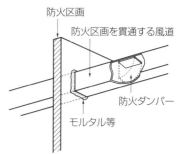

図11　防火区画を貫通する風道

9. 防火壁及び防火床の構造（令第113条）

REFER
防火壁等（法第26条）
☞ p.47

POINT
3000m²以内に令第109条の7の『壁等』を設けて区画したものは防火壁または防火床とみなす（令113条3項）

REFER
壁等（法第21条第2項第二号）
☞ p.46

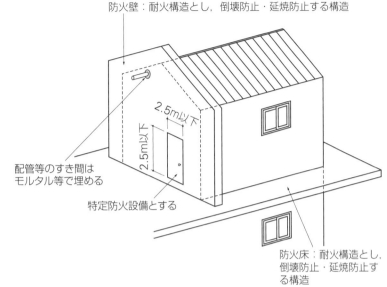

図12　防火壁及び防火床

10. 建築物の界壁・間仕切壁・隔壁（令第114条）

POINT
防火上必要な界壁に関しての規定。（令第114条）
法第30条の界壁は，遮音上の規定である。
☞ p.78

①　長屋・共同住宅の各戸の界壁は準耐火構造とし，小屋裏又は天井裏に達しなければならい。（1項）

②　学校・病院・診療所（**患者の収容施設があるもの**）・児童福祉施設・ホテル・旅館・下宿・寄宿舎・マーケットの防火上主要な間仕切りは準耐火構造とし，小屋裏又は天井裏に達しなければならない。（2項）

③　建築面積が300㎡を超える建築物の小屋組が木造である場合には，小屋裏の直下の天井の全部を強化天井とするか，けた行間隔12m以内ごとに，小屋裏に準耐火構造の隔壁を設けなければならない。準耐火構造の隔壁で区画されている小屋裏の部分で，直下の天井が**強化天井**であるものは除く。（3項）

REFER
強化天井（令112条第2項第一号）
☞ p.51

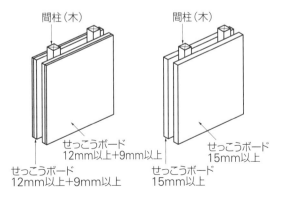

図13　準耐火構造の壁の例（平成12年5月建設省告示第1358号）

演習問題　防火区画

1　防火区画・防火壁等

建築物の防火区画，防火壁及び防火床，間仕切壁等に関する次の記述のうち，建築基準法上，**正しいもの**はどれか。ただし，耐火性能検証法，防火区画検証法，階避難安全検証法，全館避難安全検証法及び国土交通大臣の認定による安全性の確認は行わないものとし，国土交通大臣が定めた構造方法は用いないものとする。

(1) 4階建ての耐火建築物の共同住宅で，メゾネット形式の住戸（住戸の階数が2で，かつ，床面積の合計が130m^{2}であるもの）においては，住戸内の階段の部分とその他の部分とを防火区画しなければならない。

(2) 給水管が防火壁を貫通する場合においては，当該管と防火壁との隙間を準不燃材料で埋めなければならない。

(3) 木造の建築物に防火壁を設けなければならない場合においては，当該防火壁は耐火構造とし，かつ，自立する構造であれば，組積造とすることができる。

(4) 建築面積が300m^{2}の建築物の小屋組が木造である場合においては，原則として，小屋裏の直下の天井の全部を強化天井とするか，又は桁行間隔12m以内ごとに小屋裏に準耐火構造の隔壁を設けなければならない。

(5) 平家建て，延べ面積が1,200m^{2}の旅館で，耐火建築物及び準耐火建築物以外のものは，床面積の合計1,000m^{2}以内ごとに防火上有効な構造の防火壁によって有効に区画しなければならない。

2　防火区画・防火壁

建築物の防火区画，防火壁等に関する次の記述のうち，建築基準法上，**誤っているもの**はどれか。

(1) 主要構造部を準耐火構造とした4階建ての共同住宅で，メゾネット形式の住戸（住戸の階数が2で，かつ，床面積の合計が130m^{2}であるもの）においては，住戸内の階段の部分とその他の部分とを防火区画しなくてもよい。

(2) 2階建て，延べ面積が1,100m^{2}の展示場で，耐火建築物及び準耐火建築物以外のものは，床面積の合計1,000m^{2}以内ごとに防火上有効な構造の防火壁又は防火床によって有効に区画しなければならない。

(3) 2階建ての建築物（各階の床面積が300m^2）で，1階が幼保連携型認定こども園，2階が事務所であるものは，幼保連携型認定こども園の部分とその他の部分とを防火区画しなければならない。

(4) 防火壁に設ける開口部の幅及び高さは，それぞれ2.5m以下とし，かつ，これに特定防火設備で所定の構造であるものを設けなければならない。

(5) 配電管が準耐火構造の防火区画の壁を貫通する場合においては，当該管と準耐火構造の防火区画との隙間をモルタルその他の不燃材料で埋めなければならない。

p.178に解答あり

D 室内環境・建築設備に関する法

階段には必ず手すりを設けなければならない。手すりが壁から出る場合は，10cm を限度として，無いものとみなして階段幅を算定できる。（07 階段）

01 居室の採光

> 住宅，学校，病院などの居室は健康のため室面積に応じた大きさの開口部を設け，自然光を取り入れるよう定められている。

1. 住宅等の居室の採光（法第28条）

　住宅・学校・病院等の居室には，その床面積に対して一定割合以上の採光に有効な開口部を設けなければならない。

$$有効採光面積（W）≧居室の床面積（A）× k$$

k：　居室の種類により法で定める開口部の割合
　　居室の種類に応じ 1/5・1/7・1/10 のいずれかの値をとる。

REFER
居室：（法第2条四号）
☞ p.11

POINT
学校・病院等の居室に必要な有効採光面積の割合を定めている。
（令第19条第2項・3項）

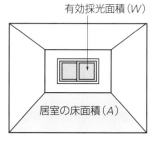

図1　居室の採光

2. 居室の種類と開口部の割合（法第28条第1項，令第19条第2項・3項）

	居室の種類	割合（下記以上）
1	幼稚園・小学校・中学校・義務教育学校・高等学校・中等教育学校・幼保連携型認定こども園の教室	1/5
2	保育所・幼保連携型認定こども園の居室	1/7
3	住宅の居室	1/7
4	病院・診療所の病室	1/7
5	寄宿舎の寝室，下宿の宿泊室	1/7
6	・児童福祉施設等の寝室（入所者が使用するものに限る） ・児童福祉施設等（保育所を除く）の居室のうち保育・訓練・日常生活に必要なものとして使用されるもの。	1/7
7	1に揚げる学校以外の学校（大学・専修学校等）の教室	1/10
8	病院・診療所・児童福祉施設等の居室のうち，入院患者や入所者の談話や娯楽等に使用される居室。	1/10

REFER
児童福祉施設⇔
令第19条第1項

3. 採光に有効な開口部を設けなくてもよい居室（法第28条第1項）

① 上記の表以外の居室（事務所の事務室・会議室等）
② 地階又は地下工作物内に設ける居室
③ 温湿度調整を必要とする作業を行う作業室（手術室，各種の試験室等）

4. 有効採光面積の算定方法（令第20条）

（1）有効採光面積の算定式

居室の有効採光面積は，下記の式で求められる。

> 有効採光面積（W）＝居室の開口部の面積（A）× 採光補正係数

1室に開口部が2箇所以上ある場合は，**それぞれの開口部の有効採光面積の合計**となる。

有効採光面積（W）＝ $W_1 + W_2$

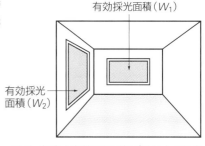

図2　採光上有効な開口部が2以上の場合

（2）採光補正係数の算定方法（令第20条第1項一号・二号・三号）

POINT
各号，用途地域ごとの**採光補正係数**の算定方法を定めている。
（令第20条2項）
一号：住居系の用途地域
二号：工業系の用途地域
三号：商業系の用途地域又は用途地域の指定のない区域
用途地域（法第48条）
☞ p.110

採光補正係数は，隣地境界線や他の建物までの水平距離，建物上から開口部までの垂直距離により異なる。この関係を示すのが**採光関係比率**である。

住居系の用途地域	工業系の用途地域	商業系の用途地域 用途無指定区域
$\dfrac{D}{H} \times 6 - 1.4$	$\dfrac{D}{H} \times 8 - 1.0$	$\dfrac{D}{H} \times 10 - 1.0$

D：水平距離
H：開口部の直上にある建築物の各部分から，**開口部の中心までの**垂直距離
※ $\dfrac{D}{H}$ を「**採光関係比率**」と呼ぶ。

自然採光は，一般に建築物の上層階ほど取り入れやすく，下層階は取り入れにくい。採光補正係数が「0」である開口部からは，外気に面した窓であっても，有効採光面積は「0」とみなされる。

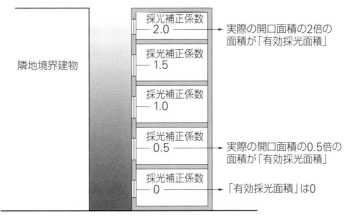

図3　採光補正係数の算定結果イメージ

(3) 採光補正係数の水平距離（D）・垂直距離（H）の測り方（令第20条第2項一号）

REFER
水平距離とは：開口部の直上にある建築物の部分から，その部分の面する隣地境界線，道の反対側の境界線，公園や水面に面する場合は，その幅の1/2だけ隣地境界線の外側にある線までの水平距離。
垂直距離とは：開口部の直上にある建築物の部分から，開口部の中心までの垂直距離。（令第20条第2項一号）

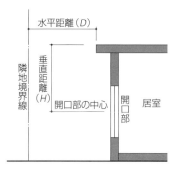

開口部の前面が隣地の境界線の場合

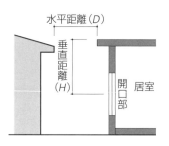

開口部の前面が同一敷地内の他の建築物の場合

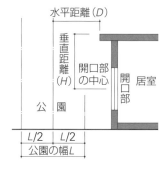

開口部の前面が公園・広場・川等の場合

開口部の前面が道の場合

図4　水平距離（D）・垂直距離（H）の測り方

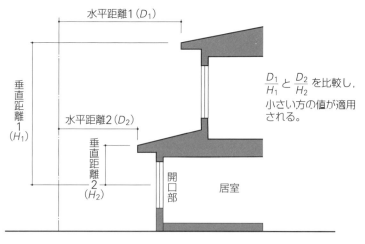

$\dfrac{D_1}{H_1}$ と $\dfrac{D_2}{H_2}$ を比較し，小さい方の値が適用される。

開口部の直上にある建築物の部分が，直上垂直面から後退又は突出している場合は，その部分を含む。半透明のひさし等採光上支障のないものは除く。

図5　D・Hが複数ある場合

5. 有効採光面積の算定方法の特例
(1) 採光補正係数の特例 1（令第 20 条第 2 項）
① **天窓**（トップライト）の場合

採光補正係数の算定値× **3.0** （ただし，**3.0 を限度**とする。）

② 居室の外側に**幅 90cm 以上**の縁側などがある場合

採光補正係数の算定値× **0.7**

③ 採光補正係数が **3.0 を超える**とき

3.0 とする。

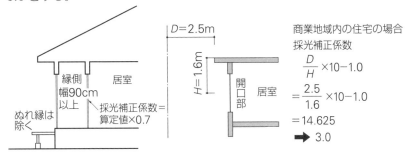

図 6　縁側を通しての採光　　　図 7　採光補正係数が 3 を超えると

(2) 採光補正係数の特例 2（令第 20 条第 2 項一号・二号・三号）

開口部が道に面する場合は，採光補正係数の算定値が **1 未満でも 1** とする。

開口部が道に面さない場合で，水平距離が下表の左欄の条件に当てはまる場合の採光補正係数は，それぞれ右欄としてよい。

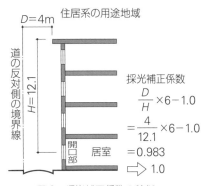

図 8　採光補正係数の特例

	水平距離 （D）	採光補正係数の算定値		採光補正係数
住居系の	7m 以上	1.0 未満		1.0
用途地域	7m 未満	負数		0
工業系の	5m 以上	1.0 未満	⇨	1.0
用途地域	5m 未満	負数		0
商業系の	4m 以上	1.0 未満		1.0
用途地域	4m 未満	負数		0

(3) 採光計算の特例（法第28条第4項）

ふすまや障子など随時開放できるもので仕切られた2室の場合は，1室とみなして算定できる。

有効採光面積（W）≧ 居室の床面積（$A_1 + A_2$）× k

k：割合（住宅の場合→ 1/7）

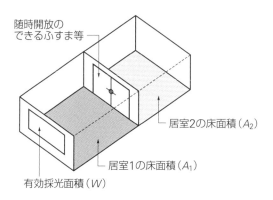

図9 2室を1室として算定する場合

有効採光面積の算定例

Example 居室の採光

・有効採光面積を計算する。
ただし，次の条件とする。
用途地域：商業地域　開口部の面積：各階共 4 ㎡

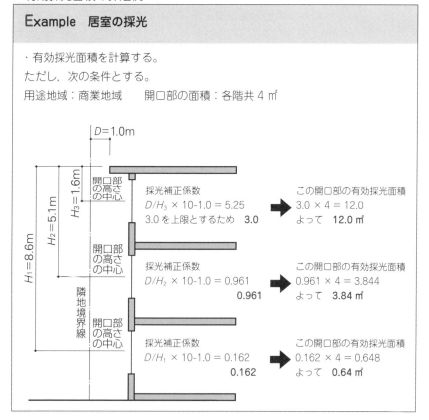

演習問題　居室の採光

1　居室の採光

第一種住居地域内（建築基準法第86条第10項に規定する公告対象区域外とする。）において，図のような断面をもつ住宅の1階に居室（開口部は幅2.0m，面積4.0㎡とする。）を計画する場合，建築基準法上，有効な採光を確保するために，**隣地境界線から後退しなければならない最小限度の距離 X は，次の**うちどれか。ただし，居室の床面積は28㎡とし，図に記載されている開口部を除き，採光に有効な措置については考慮しないものとする。

(1) 1.6m
(2) 2.0m
(3) 2.1m
(4) 2.4m
(5) 2.5m

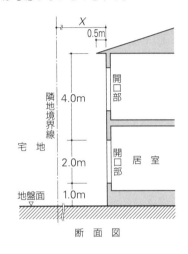

断面図

2　居室の採光

第一種低層住居専用地域内（建築基準法第86条第10項に規定する公告対象区域外とする。）において，川（幅4.0m）に面して図のような断面をもつ住宅の1階の居室の開口部（幅2.0m，面積4.0㎡）の「採光に有効な部分の面積」として，建築基準法上，**正しいものは**，次のうちどれか。

(1) 0.0 ㎡
(2) 6.4 ㎡
(3) 8.8 ㎡
(4) 9.4 ㎡
(5) 12.0 ㎡

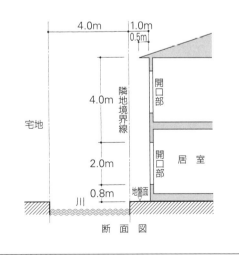

断面図

p.178 に解答あり

居室の換気

すべての居室には健康のため換気が義務づけられており、室面積に応じた換気のための開口部の基準が定められている。

1．換気の種類（法第28条）

REFER
関連⇔シックハウス対策
の 換 気： ☞ p.70（令第
20条の8)

居室には，その床面積に対して 1/20 以上の換気に有効な開口部を設けなければならない。ただし，基準に従った換気設備を設ける場合は，除外される。

| 開口部による換気（法第28条2項） | 換気設備による換気（令第20条の2-1項） |

2．開口部による居室の換気

換気に有効な開口部の面積 ≧ 居室の床面積 × 1/20

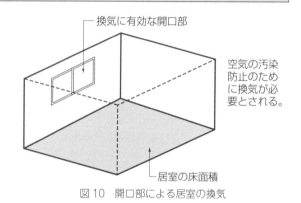

図10　開口部による居室の換気

換気に有効な開口部の面積は，実際に外気に開放できる部分のみが有効となる。また，開口部はガラスである必要はない。

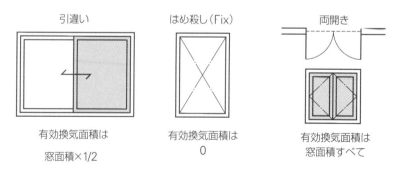

図11　直接外気に開放できる部分の面積

3. 換気に有効な開口部面積算定方法の特例

2室を1室とみなす場合（法第28条第4項）

ふすまや障子など**随時開放できるもので仕切られた2室の場合は1室とみなす**。次ページの換気設備にも適用される。

> 換気に有効な開口部の面積（W）$\geqq$ 居室の床面積（$A_1 + A_2$）$\times$ 1/20

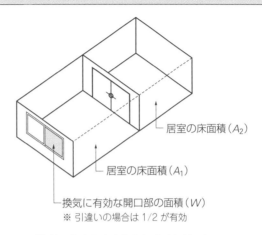

居室の床面積（A_2）

居室の床面積（A_1）

換気に有効な開口部の面積（W）
※ 引違いの場合は 1/2 が有効

図12　2室を1室とみなすことができる

4. 開口部による自然換気が認められない室（法第28条第3項）

下記の居室には，**換気設備による換気**が必要とされる。

① 劇場・映画館・演芸場・観覧場・公会堂・集会場の居室（自然換気設備は不可）

② 火気を使用する室（中央管理方式の空気調和設備は不可）

A

B

C

D

E

F

G

H

03 換気設備

室内の有害物質を除去するため，いくつかの条文により換気設備が求められ，技術的な基準が設けられている。

1. 換気設備による換気

換気設備の構造（令第20条の2第1項）（令第129条の2の6第1項・2項・3項）

POINT

換気に有効な開口部が，床面積の1/20以上ない居室や劇場・映画館・演芸場・観覧場・公会堂・集会場の居室に設ける換気設備の技術的基準。
（令第20条の2第1項）一号
イ：自然換気設備
ロ：機械換気設備
　　（下記ハは除く）
ハ：中央管理方式の空気調和設備

換気設備の方式	換気設備の技術的基準
イ　自然換気設備 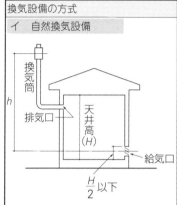 ただし，劇場・映画館・演芸場・観覧場・公会堂・集会場の居室の換気設備としては不可（令第20条の2第1項一号）	給気口 ・天井高さの1/2以下に設け，常時開放。 排気口 ・給気口より高い位置に設ける。 ・常時開放された構造とし，排気筒の立上り部分に直結する。 排気筒 ・排気上有効な立上りがあり，頂部は気流に妨げられない構造。 ・頂部・排気口を除き開口部を設けない。 ・排気筒の有効断面積（A_v） $$A_v = \dfrac{A_f}{250\sqrt{h}}$$ A_f：居室の床面積 （換気に有効な開口部がある場合は，居室の床面積−（20×有効開口面積）とする。） h：給気口中心から排気筒頂部中心まで
ロ　機械換気設備 機械換気設備の組合せと方式 第一種機械換気　　第二種機械換気 　 給気機＋排気機　　給気機＋排気口 第三種機械換気 給気口＋排気機	有効換気量（V） $$V = \dfrac{20A_f}{N}$$ A_f：居室の床面積 （居室で換気に有効な開口部がある場合は，居室の床面積−（20×有効開口面積）とする（特殊建築物は除く）。） N：実況に応じた1人当たりの占有面積 （特殊建築物の居室 ≦ 3 その他の居室 ≦ 10） 一の機械換気設備が2以上の居室に係わる場合の措置 ・それぞれの有効換気量の合計以上とする。（令第20条の2第1項一号ロ2） ・高さ31mを超える建築物で，非常用のエレベーターの設置が義務づけられるもの，各構えの合計が1000㎡を超える地下街に設けられる2以上の部分に共用される機械換気設備については，中央管理室においてその制御・作動状態の監視ができること。 （令第20条の2第1項二号） ※機械換気設備の構造は，上記のほかに令第129条の2の6第2項で規定されている。

ハ　中央管理方式の空気調和設備	衛生上有効な換気を確保することができるものとして，国土交通大臣の認定を受けたもの。
	中央管理方式の空気調和設備は，中央管理室においてその制御・動作状態の監視ができること。（令第 20 条の 2 第 1 項二号）
ただし，火気を使用する室の換気設備としては不可（令第 20 条の 3）	※中央管理方式による空気調和設備の構造は，右欄のほかに令第 129 条の 2 の 6 第 3 項で規定されている。

2. 火気使用室の換気設備（法第 28 条第 3 項，令第 20 条の 3）

火気使用室に設けなければならない換気設備

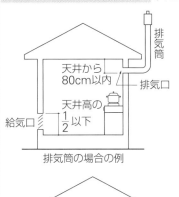

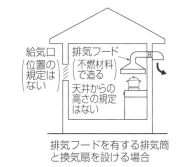

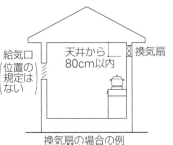

火を使用する室（火気使用室）

建築物の調理室・浴室等で，かまど・コンロその他火を使用する設備や器具を設けた室をいう。

火気使用室の換気設備の構造例（令第 20 条の 3 第 2 項）

排気筒の場合の例

天井から 80cm 以内　排気筒　排気口
天井高の 1/2 以下
給気口

排気フードを有する排気筒と換気扇を設ける場合

給気口位置の規定はない　排気フード（不燃材料で造る）
天井からの高さの規定はない

換気扇の場合の例

給気口位置の規定はない　天井から 80cm 以内　換気扇

※給気口又は給気筒，排気口又は排気筒の有効断面積，排気フードの構造等が告示により定められている。
（昭和 45 年建設省告示 1826 号）
※換気扇を設ける場合の有効換気量の計算方法
（昭和 45 年建設省告示 1826 号第 3）

換気設備が不要な火気使用室（令第 20 条の 3 第 1 項）

1. **密閉式燃焼器具のみを設けた室**　（一号）
   密閉式の燃焼器具：直接屋外から空気を取り入れ，かつ，廃ガスその他の生成物を直接外気に排出する構造のもの。その他，室内の空気を汚染する恐れがないもの（例：給湯機等）。
2. 床面積 100 ㎡以内の住戸の調理室で，換気上有効な**開口部面積が調理室床面積の 1/10 以上かつ 0.8 ㎡以上ある**もの（ただし，発熱量は 12kW 以下に限る）。（二号）
3. 発熱量の合計が，**6kW 以下の火を使用する器具**などを設け，換気上有効な開口部がある室（調理室は除く）（三号）

※ 2 は住宅や住戸の調理室に限定した規定
　 3 は調理室以外の火気使用室であれば用途に関係なく適用される規定

POINT
居室や特殊建築物以外でも，火気を使用する設備や器具を設けた部屋には，換気設備による換気が必要とされている。（法第 28 条第 3 項）

火を使用する設備若くは器具を設けた室には，令第 20 条の 3 第 2 項一号〜四号の換気設備を設ける。（令第 20 条の 3 第 1 項）

A

B

C

D

E

F

G

H

3. その他，換気設備を必要とする規定

①　シックハウス対策により，居室には機械換気設備が必要となる。（法第28条の2）（令第20条の8）

②　「便所で，換気のための直接外気に接する窓を設けていないもの」には，換気設備が必要となる。（令第28条）（p.83）

③　地階の居室の防湿措置で，からぼり（ドライエリア）等の空地に面する開口部，居室の湿度調節設備がない場合は，機械換気設備が必要となる。（令第22条の2第1項一号）（p.76）

4. 機械換気設備の設置例（住宅の場合）

要：機械換気設備を設けるべき室　　不要：機械換気設備が不要な室

図13　機械換気設備の設置例

REFER
法第28条第4項
令第20条の3
令第20条の8

演習問題　居室の換気・換気設備

1　居室の換気・換気設備

建築物の換気又は換気設備等に関する次の記述のうち，建築基準法上，**誤っているもの**はどれか。ただし，国土交通大臣の定めた構造方法及び国土交通大臣の認定は考慮しないものとする。

(1) 旅館の調理室（換気上有効な開口部があるものとする。）において，発熱量の合計が 2kW の火を使用する器具のみを設けた場合には，換気設備を設けなくてもよい。

(2) 地階に居室を有する建築物に設ける換気，暖房又は冷房の設備の風道は，原則として，不燃材料で造らなければならない。

(3) 住宅の浴室（常時開放された開口部はないものとする。）において，密閉式燃焼器具のみを設けた場合には，換気設備を設けなくてもよい。

(4) 水洗便所には，採光及び換気のため直接外気に接する窓を設け，又はこれに代わる設備をしなければならない。

(5) 機械換気設備は，換気上有効な給気機及び排気機，換気上有効な給気機及び排気口又は換気上有効な給気口及び排気機を有する構造としなければならない。

2　居室の換気・換気設備

図のような平面を有する住戸（床面積の合計は 100 ㎡，各室の天井の高さは 2.5m とする。）のある共同住宅の新築に当たり，**換気設備を設けない場合であっても建築基準法の換気及び換気設備等に関する規定に適合するもの**は，次のうちどれか。ただし，開口部は図に示されているもののみとし，居室については，国土交通大臣が定めた構造方法及び国土交通大臣の認定は考慮しないものとする。

(1) 台所（発熱量の合計が 10kW のガスこんろを使用するものとする。）

(2) 水洗便所

(3) リビングダイニング及び和室（常時開放された開口部を通じて相互に通気が確保されているものとする。）

(4) 洋室

(5) 浴室（給湯は，室外に設置された発熱量 20kW の火を使用する器具により行うものとする。）

シックハウス対策

> 建築材料などから発散する化学物質は，シックハウス症候群を引き起こす要因となるため，使用材料の制限や換気などが定められている。

1．シックハウスに関する規制について

(1) シックハウス規制の概要

　建築材料や家具から発散される化学物質の影響で，目やのどの痛み，めまい等を引き起こすことがある。これが「シックハウス症候群」と呼ばれるものである。症状の原因となっている，化学物質の室内濃度を下げるための規制が定められている。

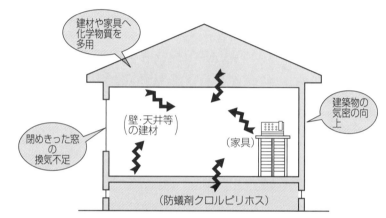

　ホルムアルデヒドは，気温が高いほど，発散量が多くなる。又，夏季は気温差による室内の自然換気が行われにくいため，ホルムアルデヒド発散量を夏季において規定している。

図14　シックハウスの主な原因

　衛生上有害なものとして，政令で定める物質とその規制には次のものがある。

　1．**クロルピリホス**（防蟻剤として使用されていた）→ **使用禁止**

　2．**ホルムアルデヒド**（接着剤や防腐剤として使用）

　　　　　　　　　　→ ①**内装仕上げへの制限**

　　　　　　　　　　　②**換気設備の設置義務**

2．クロルピリホスの規制（令第20条の6）

　クロルピリホスは，建築材料への**使用は禁止されている**。

　使用から5年経過すれば，クロルピリホスの発散の恐れがない建築材料とみなされる。（平成14年国土交通省告示第1112号）

3. ホルムアルデヒドの規制（令第20条の7・第20条の8）

(1) ホルムアルデヒド規制の概要

POINT
ホルムアルデヒド規制の
内容は2種類に分かれる。
（令第20条の7・8）

```
ホルムアルデヒド規制内容 ──┬── 内装仕上げへの制限（令第20条の7）
                        └── 換気設備の設置義務（令第20条の8）
```

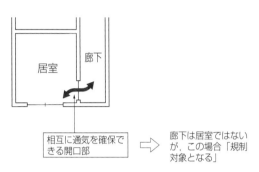

「居室」と「居室と相互に通気が確保された廊下その他の建築物の部分」が，規制対象の室となる。

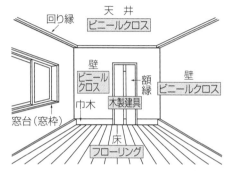

規制対象となる部位は，床・壁・天井・建具の室内に面する部分。回り縁・窓台等は，規制対象外の部位となる。

図15　規制の対象となる室とその部位（令第20条の7-1項一号）

(2) ホルムアルデヒド発散建築材料の内装仕上げの制限

　　ホルムアルデヒドを含む建材は，その発散速度により，下の表のように区分され，区分別に使用面積の制限を受ける。（令第20条の7）

① 建築材料の区分

ホルムアルデヒドの発散速度（mg/ m^2h）	建築基準法上の名称	対応するJIS・JAS規格	内装仕上げ制限
0.12を超える	第一種ホルムアルデヒド発散建築材料	無等級	使用禁止
0.02を超え0.12以下	第二種ホルムアルデヒド発散建築材料	F☆☆（エフトゥースター）	使用面積を制限
0.005を超え0.02以下	第三種ホルムアルデヒド発散建築材料	F☆☆☆（エフスリースター）	
0.005以下	規制対象外	F☆☆☆☆（エフフォースター）	制限なし

② 第二種・第三種ホルムアルデヒド発散建築材料の使用面積の制限

$$N_2 S_2 + N_3 S_3 \leqq A$$

N_2：第二種ホルムアルデヒド発散建築材料使用時の係数（下表）

N_3：第三種ホルムアルデヒド発散建築材料使用時の係数（下表）

S_2：第二種ホルムアルデヒド発散建築材料の使用面積

S_3：第三種ホルムアルデヒド発散建築材料の使用面積

A：居室の床面積

POINT
前ページ「規制対象外」（F
☆☆☆☆）の建材は使用
面積の制限はないため，
右の計算は不要である。

居室の種類	換気回数	N_2	N_3
住宅等の居室 （住宅の居室，下宿の宿泊室，寄宿舎の寝室・家具などの物品の販売を営む店舗の売り場，相互に通気が確保される開口部で，これらと仕切られた廊下等）	0.7回／h以上	1.2	0.20
	0.5回／h以上0.7回／h未満	2.8	0.50
上記以外の居室	0.7回／h以上	0.88	0.15
	0.5回／h以上0.7回／h未満	1.4	0.25
	0.3回／h以上0.57回／h未満	3.0	0.50

4．換気設備の設置義務（ホルムアルデヒドの排出）

（1）機械換気設備（令第20条の8第1項一号イ）

居室を有する建築物には機械換気設備を設けなければならず，ホルムアルデヒド発散建築材料を使用しない場合でも適用される。

換気に有効な開口部の面積が，居室の1/20以上ある場合であっても，シックハウス対策により機械換気設備が必要となる。

POINT
居室を有する建築物には機械換気設備を設けなければならず，ホルムアルデヒド発散建材を使用しない場合でも適用される。

換気に有効な開口部の面積が，居室の1/20以上ある場合であっても，シックハウス対策により機械換気設備が必要となる。（令第20条の8）

機械換気設備による有効換気量の計算式

$$Vr = nAh$$

Vr：必要有効換気量（㎥／h）

n：住宅等の居室　0.5，その他の居室　0.3

A：居室の床面積

h：居室の天井の高さ

REFER
機械換気設備の基本的な構造基準：令第129条の2の6第2項

居室の種類	換気回数
住宅等の居室	0.5回／h以上
上記以外の居室	0.3回／h以上

※　n回／h　は，その部屋の空気が1時間でn回入れ替わるかを表しており，0.5回／h　は1時間で0.5回入れ替わることを表しているので，全部入れ替わるのには2時間かかることを意味する。

(2) 空気浄化供給方式の機械換気設備（令第20条の8第1項一号ロ）

(1),(2)の換気設備方式では，一つの換気設備で2以上の居室等を換気してもよい。(令第20条の8第1項一号イ2)(令第20条の8第1項一号ロ2)

POINT
天井裏の規制
機械換気設備，中央管理方式の空気調和設備を設ける場合は，天井裏・床下・壁内・押入等の部分から，居室へのホルムアルデヒドの流入を考慮し，告示により規定を設けている。(平成15年3月27日国土交通省告示274号)

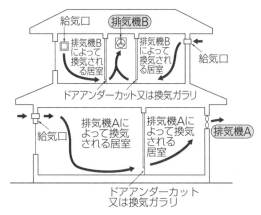

図16　第3種機械換気設備によるものの例

REFER
中央管理方式の空気調和設備の基本的な構造基準:(令第129条の2の6第3項)

(3) 中央管理方式の空気調和設備（令第20条の8第1項一号ハ）
(4) 規制対象室（居室または居室と同等）と規制対象外室（非居室）

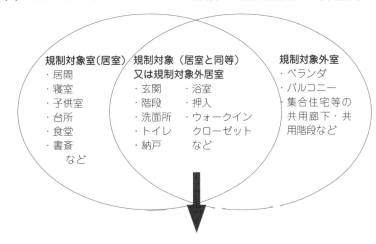

① 室の開放性：居室に常時開放されている→**規制対象**
② 気密性の有無：開放性がある建具（※1）によって間仕切られている
　　→**規制対象**
③ 換気経路：居室からの排気をまとめて排気する換気経路となっている
　　→**規制対象**
④ 上記①〜③以外　→**規制対象外**
⑤ 上記①〜③に該当する押入れや天井裏等　→**規制対象**
※1：**建具の下にアンダーカットやガラリを設けることで，開放性がある**
　　とみなされる。

5. 適用の除外（令第 20 条の 7 第 5 項）（令第 20 条の 9）

① 令第 20 条の 8 第 1 項一号ハの基準に適合する中央管理方式の空気調和設備を設ける建築物の居室には，内装仕上げの制限規定は適用しない。

② 1 年を通じて，居室内のホルムアルデヒド量を空気 1 ㎥につきおおむね 0.1mg 以下に保つことができるものとして，国土交通大臣の認定を受けた居室は，内装仕上げの制限規定，換気設備の設置規定のどちらも適用しない。

演習問題　シックハウス対策

1　シックハウス対策

図のような平面を有する集会場（床面積の合計は 42 ㎡，天井の高さはすべて 2.5m とする。）の新築において，集会室に機械換気設備を設けるに当たり，ホルムアルデヒドに関する技術的基準による必要有効換気量として，建築基準法上，**正しいもの**は，次のうちどれか。ただし，常時開放された開口部は図中に示されているもののみとし，居室については，国土交通大臣が定めた構造方法及び国土交通大臣の認定は考慮しないものとする。

(1) 21.0m³/ 時
(2) 28.5m³/ 時
(3) 31.5m³/ 時
(4) 35.0m³/ 時
(5) 47.5m³/ 時

(注) ← は，常時開放された開口部を示す。

2　シックハウス対策

石綿その他の物質の飛散又は発散に対する衛生上の措置に関する次の記述のうち，建築基準法上，**誤っている**ものはどれか。ただし，中央管理方式の空気調和設備は設けないものとし，国土交通大臣が定めた構造方法及び国土交通大臣の認定は考慮しないものとする。

(1) 居室内において衛生上の支障を生ずるおそれがある物質の　つとして，クロルピリホスが定められている。
(2) 常時開放された開口部を通じて居室と相互に通気が確保される廊下の壁の仕上げについては，ホルムアルデヒドに関する技術的基準が適用される。
(3) 居室の内装の仕上げに，第三種ホルムアルデヒド発散建築材料を使用する場合，使用できる内装の仕上げの部分の面積に関する制限は受けない。
(4) 夏季において居室の内装の仕上げの表面積 1m² につき毎時 0.12mg を超える量のホルムアルデヒドを発散させるものとして国土交通大臣が定める建築材料を，「第一種ホルムアルデヒド発散建築材料」という。
(5) 居室内においては，ホルムアルデヒドの発散による衛生上の支障がないよう，所定の技術的基準に適合する換気設備を設けなければならない。

p.178 に解答あり

05 居室の天井の高さ，床の高さ・防湿方法

居室の良好な環境を維持するため，天井の高さ，木造の最下階の床の高さ，防湿措置が定められている。

1. 居室の天井の高さ（令第 21 条）

居室の天井の高さは，**2.1 m 以上**でなければならない。1 室で天井の高さの異なる部分がある場合は，その平均の高さをもって天井の高さとする。

また，居室以外の室（トイレや廊下）は，天井高さが 2.1 m 未満であってもよい。（ただし，建築計画上は 2.1 m 未満とすることは少ない。）

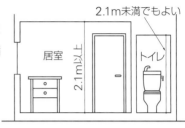

図 17　天井の高さ

2. 居室の床の高さ及び防湿方法（令第 22 条）

最下階の居室の床が木造である場合は，①と②の防湿措置をとらなければならない。ただし，**床下をコンクリート等で覆う場合**，①，②の防湿措置は**不要**となる。（1 項）

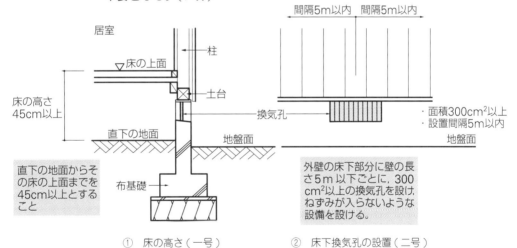

① 床の高さ（一号）

直下の地面からその床の上面までを 45cm 以上とすること

② 床下換気孔の設置（二号）

・面積300cm²以上
・設置間隔5m以内

外壁の床下部分に壁の長さ5m以下ごとに，300 cm²以上の換気孔を設け，ねずみが入らないような設備を設ける。

図 18　最下階が木造の場合の床高

POINT
最下階の居室の床の防湿方法を定め，地面から発生する水蒸気によって床が腐食しないように規定している。（令第 22 条）

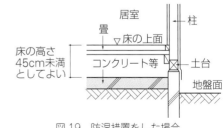

図 19　防湿措置をした場合

3. 地階の住宅等の居室 (法第 29 条)(令第 22 条の 2)

(1) 住宅等の居室が地階にある場合

下記①～③のいずれかを，その居室に設けなければならない。(令第 22 条の 2 第 1 項一号)

① 国土交通大臣の定める**からぼりその他の空地に面する開口部**

② 令第 20 条の 2 に規定する換気設備（p.66）

③ 居室内の湿度を調節する設備

(2) 居室内への水の浸透防止

居室への水の浸入を防ぐため，直接土に接する外壁等に下記①，②のいずれかを設ける。(令第 22 条の 2 第 1 項二号)

① 水面下にある外壁等の場合，下記のいずれかとする。

・水の浸透を防止するための防水層

・二重構造とする場合の空隙

② 国土交通大臣の認定を受けたもの

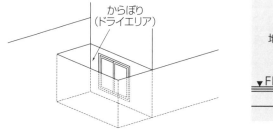

| 図 20　からぼり（ドライエリア） | 図 21　地下二重壁の例 |

Example　平均天井高さの算定法

一つの部屋で天井高さの異なる部分がある場合の天井高さの算定は，室の容積÷床面積　で平均の天井高さが求められるが，断面が一様な場合は　断面積÷部屋の幅　で求められる。

例 1　片流れの場合　　　　　　　　　例 2　不定形の場合

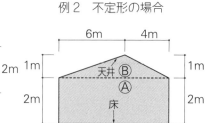

$h = \{(3+2) \div 2 \times 10\} \div 10$
$\quad = 2.5m$

$h = \{(2 \times 10) + (1 \times 10 \div 2)\} \div 10$
$\quad = 2.5m$

演習問題　天井の高さ

HINT
令第21条第2項

1　天井の高さ

図のような一様に傾斜した勾配天井部分をもつ居室の天井の高さとして，建築基準法上，**正しいもの**は，次のうちどれか。

(1) 2.400 m
(2) 2.700 m
(3) 2.750 m
(4) 2.850 m
(5) 2.875 m

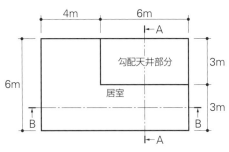

天井面を水平に投影した図

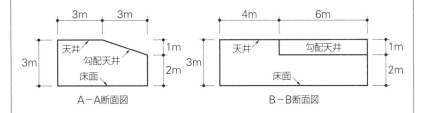

A－A断面図　　　　B－B断面図

2　天井の高さ

張り間方向に図のような断面（けた行方向には同一とする。）を有するA〜Cの各室の天井の高さについて，建築基準法の規定への適合・不適合の組合せとして，**正しいもの**は，次のうちどれか。

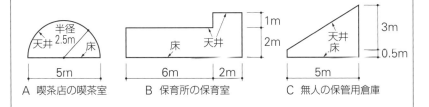

A　喫茶店の喫茶室　　B　保育所の保育室　　C　無人の保管用倉庫

	A	B	C
(1)	適合	適合	不適合
(2)	適合	不適合	適合
(3)	適合	不適合	不適合
(4)	不適合	適合	適合
(5)	不適合	不適合	適合

p.178 に解答あり

共同住宅の界壁等

共同住宅などは，隣戸間のプライバシーを守るため音を遮る措置（遮音）が定められている。

1. 長屋・共同住宅の界壁等の遮音構造（法第30条）（令第22条の3）

(1) 界壁の構造

POINT
長屋・共同住宅の各戸の界壁は，小屋裏・天井裏に達し，遮音性能を有するものとしなければならない。（法第30条）

REFER
関連⇔令第114条1項
防火規定における長屋・共同住宅の界壁について
☞ p.55

　長屋や共同住宅は，壁一枚を隔てて互いの住戸が隣り合っている。各住戸のプライバシーを確保するために，小屋裏まで達した**界壁の遮音性能**が求められる。ただし，遮音性能を有する天井とした場合，界壁は天井までとすることができる。

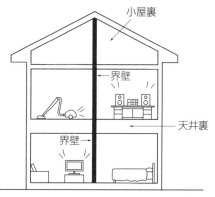

図22　界壁の構造

(2) 遮音性能に関する技術的基準

　下表の左欄の振動数に対する透過損失（壁の遮音量）が，それぞれ右欄に揚げる数値以上であること。

振動数（単位 Hz）		透過損失（壁の遮音量）（単位 dB）
125	低音	25
500		40
2000	高音	50

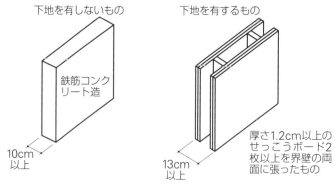

図23　界壁に必要とされる性能の例（平成16年9月29日国土交通省告示1170号）

07　階　段

階段は上下間の重要な動線となるが，通常時においても緊急時においても，使いやすく，安全でなければならず，用途，規模に応じて寸法などが規定されている。

1．階段各部の寸法（令第23条）

(1) 階段寸法の基本

	階段の種類	階段幅 踊場幅 cm	けあげ cm	踏面 cm	踊場位置 （令第24条第1項）
①	小学校の児童用	≧ 140	≦ 16（※1）	≧ 26	
②	中学校・高等学校の生徒用	≧ 140	≦ 18	≧ 26	3m 以内ごと
	劇場・映画館・公会堂・集会場等の客用				
	物販店舗（加工修理業を含む）で床面積の合計 > 1500 ㎡				
③	地上：直上階の居室の床面積の合計　> 200 ㎡	≧ 120	≦ 20	≧ 24	4m 以内ごと
	地階：居室の床面積の合計　> 100 ㎡				
④	①～③以外のもの	≧ 75	≦ 22	≧ 21	

住宅の階段は，けあげを 23cm 以下，踏面を 15cm 以上とすることができる。
※1　4項による緩和あり。

(2) 屋外階段に関するただし書き（令第23条）

屋外階段の種類	階段の幅
令第120条，令第121条に規定される屋外階段 （特殊建築物や階数が3以上の建築物等に設ける屋外階段）	90 cm 以上とすることができる。
上記以外の屋外階段 （階数が2の住宅等に設ける屋外階段）	60 cm 以上とすることができる。

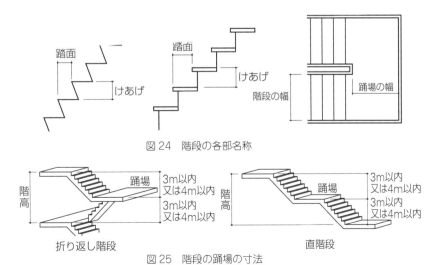

図 24　階段の各部名称

図 25　階段の踊場の寸法

(3) 回り階段の踏面寸法の算定 (令第 23 条第 2 項)

回り階段の踏面は，**狭い方の端から 30cm の位置で測る**（円形のらせん階段も同じ）。

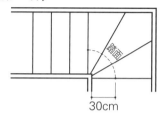

図 26　回り階段の寸法

(4) 階段・踏場の幅の算定 (令第 23 条第 3 項)

REFER
階段に設ける手すりや昇降を安全に行う設備は，幅10cmを限度としてないものとみなして，階段の幅を算定してよい。(令第 23 条第 3 項)

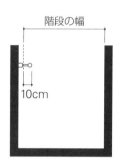

階段の幅
（手すりがないものとして算定する）

10cm以下

手すりの出が 10cm 以下の場合

階段の幅

10cm

手すり等の出が 10cm を超える場合

図 27　手すりの出と階段の有効幅

(5) 踊場の踏幅 (令第 24 条)

直階段の踏幅（2 項）

REFER
踊場の位置は，前ページの表を参照のこと。(令第 24 条第 1 項)

令第 24 条第 1 項の規定によって設ける**直階段の踊場の踏幅は，1.2m 以上**としなければならない。

REFER
直通階段：☞ p.91
(令第 120 条・令第 121 条)

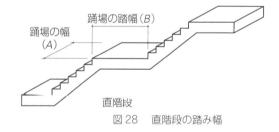

踊場の踏幅(*B*)

踊場の幅
(*A*)

直階段

図 28　直階段の踏み幅

Memo　踊場の幅 VS 踊場の踏幅，直階段 VS 直通階段の違い

「**踊場の幅**(*A*)」と「**踊場の踏幅**(*B*)」を混同しないよう注意すること。

直 階 段：一方向へ向かって上がりきる階段

直通階段：令第 120 条，令第 121 条に規定される避難施設

REFER
令第25条
1項：階段には手すりを
　　設けること。
2項：階段の両側には側
　　壁を設けること（手
　　すりがある場合は
　　除く）。

2.　階段の手すり等（令第25条）

　階段幅が3mを超える場合は、**中間手すり**を設ける。けあげ15cm以下かつ踏面30cm以上の場合は、設けなくてもよい。（3項）

図29　幅が3mを超える場合

　高さ1m以下の階段の部分には、手すり・側壁・中間手すりは設けなくてもよい。（4項）

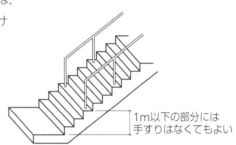

図30　高さが1m以下の場合

REFER
階段に代わる傾斜路
令第26条
1項：勾配は1/8以下と
　　すること。（分母の
　　数が大きいほど勾
　　配は緩い。）
2項：表面は粗面又は滑
　　りにくい材料で仕
　　上げること。

POINT
　「高齢者，障害者等が円
滑に利用できるようにす
るために誘導すべき建築
物特定施設の構造及び配
置に関する基準を定める
省令」において，スロー
プの勾配は1/12を超え
ないものとされる。

3.　階段に代わる傾斜路（スロープ）（令第26条）

　令第23条，令第24条，令第25条の規定を（けあげ・踏面に関する部分は除く）階段に代わる傾斜路にも適用すること。（3項）

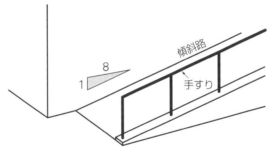

図31　階段に代わるスロープ

4.　特殊の用途に専用する階段（令第27条）

　昇降機機械室用階段・物見塔用階段などの特殊用途の専用階段については，令第23条から令第25条までの**階段の規定は適用しない**。

REFER
昇降機機械室用階段
令第129条の9第1項五
号

HINT
令第 23 条～第 25 条

演習問題 階 段

1 階 段

木造 2 階建，延べ面積 150m² の一戸建住宅の階段（高さ 3m の屋内の直階段で，両側に側壁があるものとする。）について，次のように設計した場合，建築基準法に**適合しないもの**はどれか。

(1) けあげの寸法を，20cm とした。

(2) 踏面の寸法を，20cm とした。

(3) 高さ 1.6m の位置に，踊場を設けた。

(4) 踊場の踏幅を，100cm とした。

(5) 階段の幅を 75cm とし，手すりを設置しなかった。

2 階 段・天井の高さ

木造 2 階建の一戸建住宅の一般構造に関する次の記述のうち，建築基準法に**適合しないもの**はどれか。

(1) 高さ 1m 以下の階段の部分には，手すりを設けなかった。

(2) 1 階の床の高さは，直下の地面からその床の上面までを 45cm としたので，床下をコンクリートで覆わないこととした。

(3) 回り階段の部分における踏面の寸法を，踏面の狭い方の端から 30cm の位置において，16cm とした。

(4) 便所の天井の高さを，2.0m とした。

(5) 階段に代わる傾斜路に幅 15cm の手すりを設けたので，当該傾斜路の幅の算定に当たっては，手すりはないものとみなした。

3 階 段・天井の高さ

一戸建て住宅の計画に関する次の記述のうち，建築基準法に**適合しないもの**はどれか。

(1) 子ども部屋の天井の高さを 2.3m とし，便所の天井の高さを 2.0m とした。

(2) 高さ 1m 以下の階段の部分には，手すりを設けなかった。

(3) 階段（直階段）のけあげの寸法を 23cm，踏面の寸法を 15cm とした。

(4) 階段に代わる傾斜路の勾配を，1/7 とした。

(5) 排水のための配管設備の汚水に接する部分は，不浸透質の耐水材料で造った。

p.179 に解答あり

08 建築設備

建築設備は，建築物と一体的に安全，快適でなければならず，便所，給排水管の規定についても規定されている。

1. 便所・浄化槽の漏水検査 (法第 31 条)(令第 28 条)(令第 33 条)

REFER
下水道の処理区域内：下水道法第 2 条により規定 (法第 31 条)

```
           ┌─ 水洗便所 ──┬─ 処理区域内では下水道へ放流
           │           └─ 処理区域外では浄化槽で浄化
           └─ 汲取り便所
```

図 32　便所の種類

①　**公共下水道の処理区域内**では，便所は**水洗便所**としなければならない。

②　水洗便所以外の便所では，排出する汚物を終末処理場を有する公共下水道以外に放流しようとする場合，屎尿浄化槽を設けなければならない。

③　採光・換気のため，**直接外気に接する窓を設ける**。ただし水洗便所で，これに代わる設備を有する場合は除く。(令第 28 条)

④　改良便槽・屎尿浄化槽・合併処理浄化槽は，満水して 24 時間以上漏水しないことを確かめなければならない。(令第 33 条)

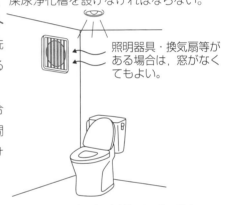

照明器具・換気扇等がある場合は，窓がなくてもよい。

図 33　便所に窓がなくてよい場合

2. 建築物に設ける飲料用又は排水用配管設備 (令第 129 条の 2 の 5)

建築物に設ける給水・排水その他の配管設備の構造は，令第 129 条の 2 の 5 第 1 項の定めによるほか，飲料水・排水用の配管設備は，それぞれ下記のとおりとしなければならない。

飲料水用の配管設備の構造 (2 項)	
1	他の配管設備と直接連結させない。
2	流し等，水を受ける設備からの逆流防止措置を講ずる。
3	配管設備からの漏水，溶出する物質による汚染がないものとする。
4	凍結による破壊の恐れのある部分には，防凍の措置を講ずる。
5	給水タンク及び貯水タンクは，ほこり等の衛生上有害なものが入らない構造とし，金属製のものは，衛生上支障のないようにサビ止め措置を講ずる。

排出のための配管設備の構造 (3 項)	
1	排出すべき雨水又は汚水の量及び水質に応じ，有効な容量・傾斜・材質を有すること。
2	排水トラップ・通気管等を設置するなど，衛生上必要な措置を講ずる。
3	配管設備の末端は，公共下水道・都市下水路などの排水設備に連結する。
4	汚水に接する部分は，不浸透質の耐水材料で造ること。

演習問題　建築設備

1　建築設備他

木造2階建て，延べ面積100m^{2}の一戸建て住宅の計画に関する次の記述のうち，建築基準法に**適合しない**ものはどれか。ただし，国土交通大臣が定めた構造方法及び国土交通大臣の認定は考慮しないものとする。

(1) 回り階段の部分における踏面の寸法を，踏面の狭い方の端から30cmの位置において，15cmとした。

(2) 敷地内の排水に支障がなかったので，建築物の敷地は，これに接する道の境よりも低くした。

(3) 「居室を有する建築物の建築材料についてのホルムアルデヒドに関する技術的基準」において，寝室と廊下が常時開放された開口部を通じて相互に通気が確保されていたので，廊下に所定の機械換気設備を設けた。

(4) 居間（床面積16m^2，天井の高さ2.5m）に機械換気設備を設けるに当たり，「居室を有する建築物の換気設備についてのホルムアルデヒドに関する技術的基準」による有効換気量を，20m^3/hとした。

(5) 居室に設ける開口部で，川に面するものについて，採光に有効な部分の面積を算定する場合，当該川の反対側の境界線を隣地境界線とした。

2　建築設備他

木造2階建て，延べ面積100m^{2}の一戸建て住宅の計画に関する次の記述のうち，建築基準法に**適合しない**ものはどれか。

(1) 階段（高さ3.0mの屋内の直階段）の高さ1.5mの位置に，踏幅1.1mの踊場を設けた。

(2) 1階の居室の床下をコンクリートで覆ったので，床の高さを，直下の地面からその床の上面まで30cmとした。

(3) 子ども部屋のクロゼット（収納スペース）の天井の高さを，2.0mとした。

(4) 発熱量の合計が12kWの火を使用する器具（「密閉式燃焼器具等又は煙突を設けた器具」ではない。）のみを設けた調理室（床面積10m^2）に，0.9m^{2}の有効開口面積を有する開口部を換気上有効に設けたので，その他の換気設備を設けなかった。

(5) 階段に代わる高さ1.2mの傾斜路に幅10cmの手すりを設けたので，当該傾斜路の幅の算定に当たっては，手すりはないものとみなした。

p.179に解答あり

E 建築物の避難に関する法

建物の規模や用途により排煙設備が必要となり，煙が拡散しないように一定面積ごとに排煙区画が必要となる。煙の拡散を防ぐためにガラスなどの垂れ壁が用いられることがある。（03 避難施設 2（排煙設備））

01　内装制限

火災の拡大を防ぎ，避難と消火活動を安全に行うために，建築物の用途・規模に応じて内装の仕上げ材料を規定している。

1.　内装制限を受ける特殊建築物・大規模建築物（令第 128 条の 4・令第 128 条の 5）

特殊建築物等では，用途，規模，耐火性などにより，居室，廊下・階段等の内装材の制限をしている。

用途＼構造	内装制限の対象となる建築物			壁・天井の内装材料	
	主要構造部が耐火構造又は法第 2 条第九号の三イで 1 時間準耐火基準のもの	法第 2 条第九号の三イ又はロで 1 時間準耐火基準以外のもの	その他建築物	居室 4 は居室以外も含む	廊下・階段等
1　劇場・映画館・演芸場・観覧場・公会堂・集会場	客席 ≧ 400 ㎡	客席≧ 100 ㎡		難燃材料 3 階以上の階に居室がある場合，天井は準不燃材料	準不燃材料
2　病院・診療所（患者の収容施設があるものに限る）ホテル・旅館・共同住宅・児童福祉施設等	3 階以上 ≧ 300 ㎡	2 階部分 ≧ 300 ㎡	≧ 200 ㎡		
3　百貨店・展示場・キャバレー・公衆浴場・料理店・飲食店・物品販売店（10 ㎡以下のものを除く）等	3 階以上 ≧ 1000 ㎡	2 階部分 ≧ 500 ㎡	≧ 200 ㎡		
4　自動車車庫・自動車修理工場	面積に関係なく制限を受ける			準不燃材料	
5　地階又は地下工作物内に設ける上記 1 〜 3 の用途の居室					
6　大規模建築物（学校等を除く）	・階数が 3 以上で延べ面積＞ 500 ㎡ ・階数が 2 で延べ面積＞ 1000 ㎡ ・階数が 1 で延べ面積＞ 3000 ㎡			難燃材料	

POINT
学校等の用途は，規模・構造に関わらず内装制限は受けない。

POINT
令第 128 条の 4 には「制限を受けない特殊建築物等」と記載されているが，各項に掲げられるものを「制限を受ける建築物等」と読み変えてよい。

※ 1，2，3 の建築物で，耐火建築物又は主要構造部が準耐火構造の準耐火建築物である場合，100 ㎡以内ごと（共同住宅の住戸は 200 ㎡）に防火区画されていれば，内装制限の対象外。

※ 6 で，耐火建築物又は主要構造部が準耐火構造の準耐火建築物である場合，100 ㎡以内ごとに防火区画されていれば，内装制限の対象外（高さ 31 m以下の特殊建築物の用途に使用しない部分に限る）。

※ 6 で，2 の用途に使用する高さ 31 m以下の部分は，内装制限の対象外。

※上記のほか，令第 128 条の 3 の 2 では「窓その他の開口部を有しない居室」が，内装制限の対象となることが規定されている。

(1) 居室の内装制限 (令第 128 条の 5)

　前ページ表 1，2，3，6 の建築物の居室の壁は，床面から 1.2 m以下の部分には内装制限は適用されない。また，床，および回り縁，窓台，窓枠等はすべての場合において内装制限の対象とはならない。

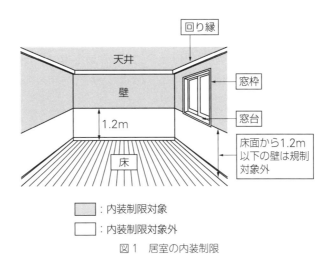

図 1　居室の内装制限

(2) 廊下・階段等の壁・天井の内装制限

　規制を受ける廊下・階段等とは，前ページ表の各室から地上へ出る主な廊下・階段，その他の通路を指す。

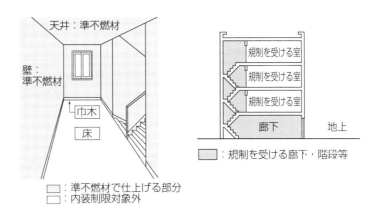

図 2　廊下・階段等の内装制限

2. 内装制限を受ける調理室等（令第128条の4第4項）（令第128条の5第6項）

POINT
建築物の調理室・浴室な
どで，かまどやコンロ等
の火気を使用する室があ
る場合の，内装制限の対
象となる条件を規定して
いる。（令第128条の4
第4項）

内装制限を受ける調理室等 の壁・天井の仕上げ ⇨ 準不燃材料

内装制限を受ける調理室とは，次の①，②のどちらかに当てはまるものをいう。

① 階数が2以上の住宅で，最上階以外の階に火気使用室がある場合。ただし，主要構造部が耐火構造のものは除く。

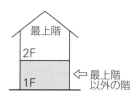
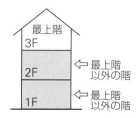

平屋は1階が最上階となるため，キッチン等の火気使用室がある場合でも内装制限は受けない。

1階にキッチン等の火気使用室がある場合，その火気使用室は内装制限を受ける。

1階又は2階にキッチン等の火気使用室がある場合，その火気使用室は内装制限を受ける。

図3　火気使用室の内装制限

② 住宅以外の建築物の火気使用室の部分すべて。ただし，主要構造部を耐火構造としたものは除く。

3. 内装制限の適用の除外（令第128条の5第7項）

火災が発生した場合に避難上支障のある高さまで煙又はガスの降下が生じない建築物として，床面積・天井の高さ・消火設備・排煙設備の設置等の基準を満たした建築物の部分は，内装制限の対象外。

4. 建築材料の包含関係

難燃材料・準不燃材料・不燃材料は包含関係にある。

法令に「難燃材料」とある場合，難燃材料・準不燃材料・不燃材料のいずれかを使用すればよい。

図4　難燃・準不燃・不燃材料の包含関係

HINT
法第35条の2
令第128条の3の2〜
128条の5

演習問題　内装制限

1　内装制限

建築基準法第35条の2の規定による内装の制限に関する次の記述のうち，建築基準法上，**誤っている**ものはどれか。ただし，内装の制限を受ける「窓その他の開口部を有しない居室」及び「内装の制限を受ける調理室等」はないものとする。また，自動式の消火設備及び排煙設備は設けないものとする。

（1）内装の制限を受ける居室の天井の回り縁は，内装の制限の対象とならない。

（2）自動車車庫は，その構造及び規模にかかわらず，内装の制限を受ける。

（3）地階に設ける居室で飲食店の用途に供するものを有する特殊建築物は，その構造及び規模にかかわらず，内装の制限を受ける。

（4）延べ面積250m^{2}の障害者支援施設で，当該用途に供する部分の床面積の合計が180m^{2}のものは，内装の制限を受けない。

（5）主要構造部を耐火構造とした3階建て，延べ面積600m^{2}の学校は，内装の制限を受ける。

2　内装制限

建築基準法第35条の2の規定による内装の制限に関する次の記述のうち，建築基準法上，**誤っている**ものはどれか。ただし，居室は，内装の制限を受ける「窓その他の開口部を有しない居室」に該当しないものとする。また，自動式の消火設備及び排煙設備は設けないものとし，耐火性能検証法，防火区画検証法，区画避難安全検証法，階避難安全検証法，全館避難安全検証法及び国土交通大臣の認定による安全性の確認は行わないものとする。

（1）内装の制限を受ける2階建ての有料老人ホームの当該用途に供する居室の壁及び天井の室内に面する部分の仕上げには，難燃材料を使用することができる。

（2）患者の収容施設がある2階建ての準耐火建築物の診療所で，当該用途に供する部分の床面積の合計が200m^{2}のものは，内装の制限を受けない。

（3）平家建て，延べ面積25m^{2}の自動車車庫は，内装の制限を受けない。

（4）木造3階建て，延べ面積150m^{2}の一戸建て住宅の3階にある火を使用する設備を設けた調理室は，内装の制限を受けない。

（5）主要構造部を耐火構造とした学校は，その規模にかかわらず，内装の制限を受けない。

p.179に解答あり

A

B

C

D

E

F

G

H

E　避難に関する法

02　避難施設1（廊下・直通階段等）

災害時の避難を迅速かつ安全に行うために，廊下や階段の設置や寸法等を規定している。

1. 適用の範囲（令第117条第1項）

令第118条から令第126条までの規定は，下表①～④の建築物（階）に限り適用する。

①	法別表第1(い)欄1項～4項までの特殊建築物
②	階数が3以上の建築物
③	有効採光面積が居室の床面積の1/20未満の居室がある階
④	延べ面積が1000㎡を超える建築物

※建築物が開口部のない耐火構造の床・壁で区画されている場合，その区画された部分は，別の建築物とみなしてよい。

REFER
施行令第5章「避難施設」は6つの節に分かれているが，第2節には適用の範囲が定められている。（令第117条）

POINT
劇場・映画館・演芸場・観覧場・公会堂・集会場の出口の戸は，内開きとしてはならない。（令第118条）

2. 客席からの出口の戸，屋外への出口（令第118条）（令第125条2項）

火災時，出入口に人が集中し，押し寄せる人で戸が開かなくなることを防ぐために，出入口の戸は内開きとしてはならない。

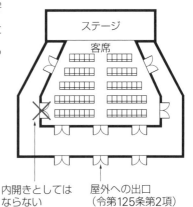

内開きとしてはならない

屋外への出口（令第125条第2項）

図5　劇場等の客席の出口（内開き禁止）

3. 廊下の幅（令第119条）

POINT
廊下の幅は，表に掲げる数値以上としなければならない。（令第119条）

廊下の用途	廊下の配置 両側に居室がある廊下	その他の廊下
小学校・中学校・義務教育学校・高等学校・中等教育学校の児童用又は生徒用の廊下	2.3 m以上	1.8 m以上
病院の患者用の廊下 共同住宅の住戸又は住室の床面積の合計が，100㎡を超える階の共用廊下 居室の床面積の合計が200㎡を超える階の廊下（3室以下の専用のものを除く）	1.6 m以上	1.2 m以上

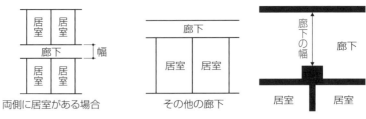

両側に居室がある場合　　　その他の廊下

図6　廊下の幅

90

4. 直通階段の設置（令第120条）

(1) 直通階段の設置基準

避難階以外の階には，**少なくとも一つの直通階段を設けなければならない。**又，居室から直通階段までの歩行距離が，表の数値を超える場合は直通階段の数を増やさなければならない。

REFER
関連⇔階段
（令第23条他）☞ p.79

建築物の主要構造部／階数・内装／居室の種類	主要構造部が耐火・準耐火構造又は不燃材料				その他
	14階以下		15階以上		－
	－	準不燃材	－	準不燃材	
①有効採光面積が居室の床面積の 1/20 未満の居室	≦ 30 m	≦ 40 m	≦ 20 m	≦ 30 m	≦ 30 m
②百貨店・展示場・キャバレー・公衆浴場・料理店・飲食店・物品販売店（10㎡以下のものを除く）等の居室	≦ 30 m	≦ 40 m	≦ 20 m	≦ 30 m	≦ 30 m
③病院・診療所（患者の収容施設があるものに限る）・ホテル・旅館・共同住宅・児童福祉施設等の居室	≦ 50 m	≦ 60 m	≦ 40 m	≦ 50 m	≦ 30 m
④ ①，②，③以外の居室					≦ 40 m

REFER
令第19条
児童福祉施設等

※内装が準不燃材料とは，居室・廊下・階段の壁（床面から1.2m以下の部分を除く）と天井を準不燃材料としたものをいう。

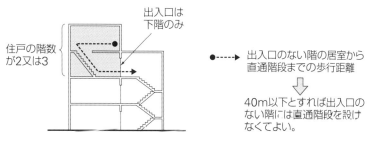

図7　メゾネット住戸の緩和（令第120条4項）

Memo　避難階とは

避難階は，直接地上へ通ずる出入口のある階をいう。（令第13条第一号）
図のように敷地に高低差がある場合などは，避難階はひとつとは限らない。

(2) 直通階段の構造 (令第121条の2)

REFER
関連
屋外の避難階段の構造 (令
第123条2項) ☞ p.94

屋外に設ける直通階段は，木造としてはならない。ただし，準耐火構造で，かつ，有効な防腐措置を講じたものは除く。

5. 2以上の直通階段の設置 (令第121条第1項・令第121条第2項)

避難階以外の階が表に当てはまる場合，2以上の直通階段を設けなくてはならない。

階の用途			主要構造部が準耐火構造・不燃材料	その他	適用の除外
1	劇場・映画館・演芸場・観覧場・公会堂・集会場・物品販売業 (1500㎡超える)		避難階以外の階に客席や集会室，売場等がある場合		
2	キャバレー・カフェー・ナイトクラブ等		避難階以外の階に客席がある場合		(※)にあたる階において，階数が3以下で延べ面積が200㎡未満の建築物であり，一定の基準の間仕切壁又は防火設備等で区画されている場合は除外される。
3	病院・診療所 (病室の床面積)・児童福祉施設等 (主たる用途の居室の床面積)		100㎡超 (※)	50㎡超 (※)	
4	ホテル・旅館 (宿泊室の床面積)・共同住宅 (階の居室の床面積)		200㎡超	100㎡超 (※)	
5	上記以外の階	6階以上の階	6階以上に居室がある場合すべて		
		5階以下の階 避難階の直上階	400㎡超	200㎡超	
		5階以下の階 その他の階	200㎡超	100㎡超	

・表中の面積は，その階の居室の床面積の合計
・5の階は，用途に関係なく階数と面積により規制される。
・右欄以外でも緩和を受ければ2以上の直通階段を設けなくてよい場合もある。

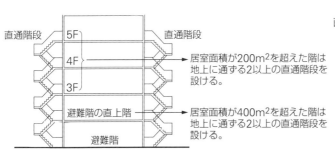

図8　5階以下の階に居室がある場合
(主要構造部が準耐火構造の場合)

直通階段　直通階段
居室面積が200m²を超えた階は地上に通ずる2以上の直通階段を設ける。

居室面積が400m²を超えた階は地上に通ずる2以上の直通階段を設ける。

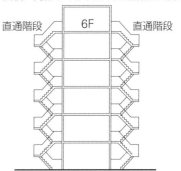

面積に関係なく2以上の直通階段が必要

直通階段　直通階段

図9　6階以上の居室がある場合

6. 重複距離（令第 121 条第 3 項）

居室内から直通階段 1 までの歩行距離と，直通階段 2 までの歩行距離の重複距離は，令第 120 条で定める歩行距離の **1/2 以下**とする。

5. の表で 5 の階は，用途とは関係なく階数や面積によって 2 以上の直通階段を設けなければならない。

POINT
重複距離は，令第 120 条の距離の 1/2 以下とする。

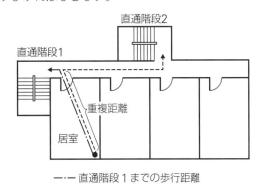

― ・ ― 直通階段 1 までの歩行距離
― ― ― 直通階段 2 までの歩行距離

図 10　直通階段の重複（歩行）距離

7. 避難階段・特別避難階段の設置（令第 122 条）

（1）避難階段・特別避難階段の概要

POINT
建築物の規模や用途によっては，設ける直通階段を制限の厳しい避難階段・特別避難階段としなければならない。（令第 122 条）

	一般の建築物		物品販売店舗（床面積 > 1500 ㎡）
	地上階	地階	地上階
避難階段又は特別避難階段のどちらかとするべき直通階段	5 階以上の階に通ずるものすべて	地下 2 階以下の階に通ずるものすべて	3 階以上の売り場・屋上広場に通ずるものすべて
特別避難階段とするべき直通階段	15 階以上の階に通ずるものすべて	地下 3 階以下の階に通ずるものすべて	・5 階以上の売り場に通ずるものの内 1 箇所以上 ・15 階以上の売り場に通ずるものすべて
直通階段としてよいもの	上記以外で令第 117 条（p.90）の適用の範囲内のもの		

(2) 屋内の避難階段の構造例（令第123条第1項）

階段は耐火構造とし，避難階まで直通させること。

REFER
防火設備（令第109条第
1項）☞ p.13

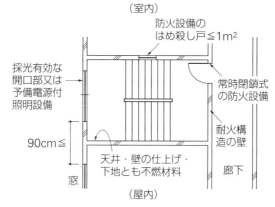

図11　屋内の避難階段

(3) 屋外の避難階段の構造例（令第123条第2項）

階段は耐火構造とし，避難階まで直通させること。

POINT
屋外の避難階段の構造：
・階段の周長の1/2を開
　放する。
・隣地境界線からの離れ
　を規定する。
などの取扱いが各行政庁
によってあることが多い。

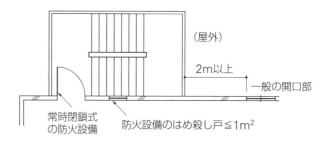

図12　屋外の避難階段

(4) 特別避難階段の構造例（令第123条第3項）

階段は耐火構造とし，避難階まで直通させること。

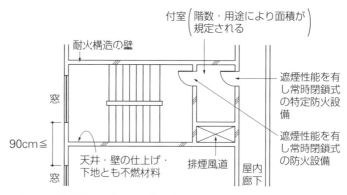

※階段室又は付室の構造は，通常の火災時に生ずる煙が付室を通じて階
　段室に流入することを有効に防止できるとして一定の構造を用いるも
　のとすること

図13　特別避難階段

8. 手すりの高さ（令第126条第1項）

REFER
屋上広場の設置：令第
126条第2項

令第117条の適用の範囲内の建築物で、屋上広場、2階以上の階にあるバルコニー等には、高さが1.1m以上の手すり壁・さく・金網などを設けなければならない。

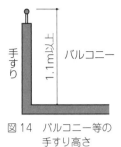

図14　バルコニー等の手すり高さ

演習問題　避難施設

HINT
令第118条
令第119条
令第121条
令第126条の2
令第126条の4

1　廊下・直通階段・非常用照明・排煙設備

建築物の避難施設等に関する次の記述のうち、建築基準法上、**誤っている**ものはどれか。ただし、耐火性能検証法、防火区画検証法、階避難安全検証法、全館避難安全検証法及び国土交通大臣の認定による安全性の確認は行わないものとする。

（1）建築物に非常用の進入口を設けなければならない場合、それぞれの進入口の間隔は、40m以下としなければならない。

（2）飲食店の用途に供する居室から地上に通ずる廊下、階段その他の通路で、採光上有効に直接外気に開放されたものには、非常用の照明装置を設けなくてもよい。

（3）避難階が1階である2階建ての下宿（主要構造部が不燃材料で造られているもの）で、2階における宿泊室の床面積の合計が200m²であるものには、その階から避難階又は地上に通ずる2以上の直通階段を設けなければならない。

（4）小学校の児童用の廊下で、両側に居室があるものの幅は、2.3m以上としなければならない。

（5）共同住宅の2階にあるバルコニーの周囲には、安全上必要な高さが1.1m以上の手すり壁等を設けなければならない。

p.179に解答あり

03　避難施設 2（排煙設備）

火災による煙は，安全な避難の妨げになるため，建築物の用途・規模に応じて排煙設備の設置を義務づけている。

1．排煙設備の設置（令第 126 条の 2）

排煙設備の設置基準

	設置を要する建築物の用途・居室の種類	適用除外部分
1	法別表 1（い）欄 1 項（劇場・映画館等） 2 項（病院・ホテル・共同住宅等） 3 項（図書館・博物館・美術館等） 4 項（百貨店・遊技場等）の特殊建築物で延べ面積＞ 500 ㎡	・法別表 1（い）欄（2）項の特殊建築物で準耐火構造の床・壁・防火設備によって 100 ㎡（共同住宅の住戸は 200 ㎡）以内ごとに区画されたもの ・**学校等**
2	階数が 3 以上で，延べ面積が＞ 500 ㎡	
3	天井又は天井から 80cm 以内に，床面積の 1/50 以上の開放できる部分がない居室（排煙上の無窓の居室）	
4	延べ面積が 1000 ㎡を超える建築物で，居室の床面積＞ 200 ㎡	・高さ 31 m 以下の部分にある居室で，床面積 100 ㎡以内ごとに防煙壁で区画されたもの

※階段の部分，昇降機の昇降路の部分は除外される。
※機械製作工場，不燃性の物品を保管する倉庫等で，主要構造部が不燃材料で造られた建築物等は除外される。

REFER
学校等：学校（幼保連携型認定こども園を除く）・体育館・ボーリング場・スキー場・スケート場・水泳場・スポーツ練習場をいう。（令第 126 条の 2 第 1 項二号）

2．防煙区画

（1）防煙壁

不燃材料で造り又は覆われた間仕切壁・天井面から 50cm 以上下方に突出した垂れ壁

（2）防煙区画

上表に該当する建築物又はその部分は，下記の防煙区画をしなければならない。

① 床面積 500 ㎡以内ごとに，防煙壁で区画する。

② 区画ごとに排煙口を設ける。

③ 区画内の各部分から排煙口までの水平距離を 30 m 以下とする。

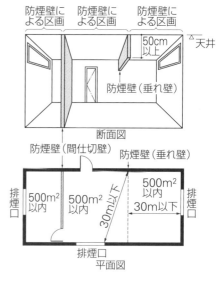

図 15　防煙区画

3　排煙設備の構造 (令第 126 条の 3)

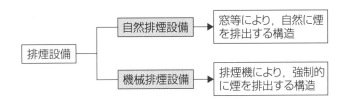

(1) 自然排煙設備

排煙口の位置：天井又は**天井から下方 80 cm 以内**の壁の上部

排煙口の面積：防煙区画部分の床面積の **1/50 以上**

手動開放装置の高さ：床面から **80 cm 以上 1.5 m 以下**

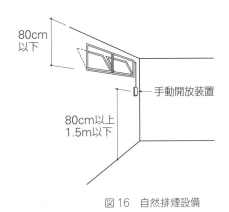

図 16　自然排煙設備

(2) 機械排煙設備

　防煙区画部分の床面積の 1/50 以上の，外気に直接開放された開口部がない場合は，機械排煙設備を設ける。

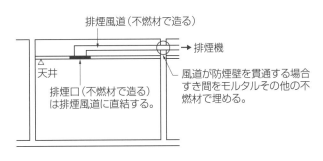

図 17　機械排煙設備

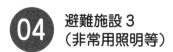

04　避難施設 3（非常用照明等）

災害時の避難，消火，救助活動が円滑に行えるよう，建築物の用途・規模に応じて非常用照明，非常用の進入口，敷地内通路を規定している。

1. 非常用照明装置の設置と構造（令第 126 条の 4・第 126 条の 5）

(1) 設置基準

表の建築物の部分には，非常用の照明装置を設けなくてはならない。

非常用照明の設置基準

設置基準			適用除外の部分	
設置基準	1	法別表 1（い）欄（1）項〜（4）項までの特殊建築物の居室	適用除外の部分	・一戸建の住宅 ・長屋・共同住宅の住戸 ・病院の病室 ・下宿の宿泊室，寄宿舎の寝室 ・学校等 ・避難階又はその直上階・直下階で，避難上支障がないもの（平成 12 年 5 月 31 日建設省告示第 1411 号）
	2	階数が 3 以上で，延べ面積が 500 ㎡を超える建築物の居室		
	3	有効採光面積（p.59）が居室の床面積の 1/20 以上ない居室		
	4	延べ面積が 1000 ㎡を超える建築物の居室		
	5	1〜4 の居室から地上に通ずる廊下・階段・通路等（採光上有効に直接外気に開放された通路は除く）		
	6	1〜5 に類する建築物の部分で，照明装置を通常要する部分		

REFER
学校等：学校・体育館・ボーリング場・スキー場・スケート場・水泳場・スポーツ練習場をいう。（令第 126 条の 2 第 1 項二号）

(2) 構造基準

・照明は直接照明とし，照度は床面の水平面照度 **1 ルクス以上**とする。

・照明器具の構造は，火災時において温度が上昇しても著しく光度が低下しないもの。

・予備電源を設ける。

・火災時に停電した場合，**自動的に点灯**し，かつ避難するまでの間に，建築物の室内温度が上昇した場合でも，床面において **1 ルクス以上**の照度が確保できること。

2. 非常用の進入口

(1) 設置（令第 126 条の 6）

建築物の高さ 31 m以下の部分にある **3 階以上の階には**，非常用進入口を設けなければならない。

POINT
非常用進入口の設置を，高さ 31 m以下に限定しているのは，**消防隊がはしご車で進入できる高さが 31 mまで**だからである。（令第 126 条の 6）

法第 34 条
高さ 31 mを超える建築物には，非常用のエレベーターを設けなくてはならない。

(2) 構造（令第 126 条の 7）

① 道又は道に通ずる 4 m以上の通路等に面する外壁に設ける。

② 進入口の**間隔は 40 m以下**とする。

③ 開口部の大きさは**幅 75 cm以上**，**高さ 1.2 m以上**，床面から下端までの高さ 80 cm以下。

④　外部から開放・破壊して室内に進入できる構造とする。

⑤　奥行き 1 m以上，長さ 4 m以上のバルコニーを設けること。

⑥　赤色灯の標識及び赤色マークを表示すること。

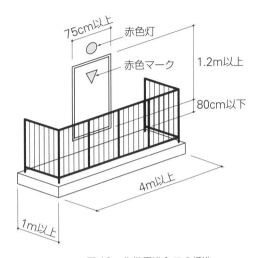

図 18　非常用進入口の構造

REFER
非常用の昇降機（非常用のエレベーター）：令第129条の13の3

(3) 適用の除外 (令第 126 条の 6)

次のいずれかに該当する場合は，非常用の進入口を設けなくてもよい。

①　**非常用の昇降機**を設置している場合 (一号)

②　道又は道に通ずる幅員 4 m以上の通路等に面する各階の外壁面に，窓その他の開口部を外壁の長さ **10 m以内**ごとに設けている場合。(**代替進入口**) (二号)

③　吹抜け等の空間から容易に各階に進入できると国土交通大臣の認定を受けた場合 (三号)

④　不燃性の物品の保管等，火災の発生の恐れの少ない用途の階で，その直上階又は直下階から進入することができるもの。(1 項本文)

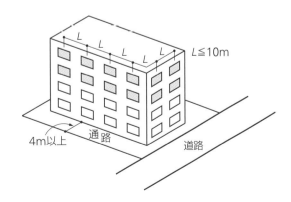

図 19　非常用の進入口が不要となる②の窓（**代替進入口**）

3. 敷地内の通路 (令第 128 条)

　令第 127 条の適用の範囲にあてはまる建築物の敷地内には，屋外避難階段と屋外への出口から道や公園等に通じる幅員 **1.5 m 以上の通路**を設けなければならない。ただし階数が 3 以下で延べ面積が **200m² 未満の建築物の敷地内にあっては 90cm** とすることができる。

REFER
屋外避難階段（令第 123 条 2 項）☞ p.94

屋外への出口
令第 125 条

POINT
適用の範囲
1. 法別表 1（い）欄（1）
　～（4）の特殊建築物
2. 階数が 3 以上の建築物
3. 政令で定める窓や開口部を有しない居室がある建築物
4. 延べ面積が 1,000m² を超える建築物

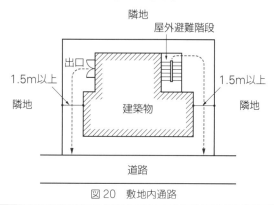

図 20　敷地内通路

HINT
令第 119 条
令第 121 条
令第 126 条の 2
令第 126 条の 4
令第 126 条の 6

演習問題　避難施設

1　避難施設（非常用照明，排煙設備等）

飲食店（木造 2 階建て（主要構造部が準耐火構造でなく，かつ不燃材料で造られていないものとする。），各階の床面積 150m²，高さ 6m，避難階は 1 階）の避難施設等に関する次の記述のうち，建築基準法上，**誤っている**ものはどれか。ただし，耐火性能検証法，防火区画検証法，階避難安全検証法，全館避難安全検証法及び国土交通大臣の認定による安全性の確認は行わないものとする。

（1）建築基準法施行令第 116 条の 2 第 1 項第二号の規定に該当する窓その他の開口部を有しない居室がある場合には，原則として，その居室に排煙設備を設けなければならない。

（2）2 階の居室の各部分から 1 階又は地上に通ずる直通階段の一に至る歩行距離は，30m 以下としなければならない。

（3）2 階から 1 階又は地上に通ずる 2 以上の直通階段を設けなければならない。

（4）1 階においては，階段から屋外の出口の一に至る歩行距離の制限を受ける。

（5）非常用の照明装置を設ける必要がある場合，その照明は直接照明とし，床面において 1lx 以上の照度を確保することができるものとしなければならない。

2　排煙設備

次の建築物のうち，その構造及び床面積に関係なく建築基準法第 35 条の 2 の規定による**内装制限を受けるもの**はどれか。ただし，自動式の消火設備及び排煙設備は設けないものとする。

（1）自動車車庫　　　（4）飲食店
（2）演芸場　　　　　（5）体育館
（3）旅館

p.179 に解答あり

05 避難上の安全検証

災害時に「建築物内から安全に避難できる時間を有している」ことを検証できれば，避難，防火関連の規定が緩和できる。

1. 避難安全検証の概要

居室等建築物の部分を準耐火構造の床，壁又は防火設備等で区画された部分や，主要構造部を準耐火構造又は不燃材で造ったものの階又は建築物は，所定の安全検証にて特定の安全性能を有すると確かめられた場合については，表のとおり**避難規定が一部適用除外**される。

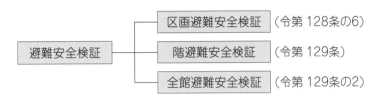

```
                    ┌─ 区画避難安全検証 （令第128条の6）
避難安全検証 ───────┼─ 階避難安全検証 （令第129条）
                    └─ 全館避難安全検証 （令第129条の2）
```

避難安全検証により適用除外となる規定

検証法の種類	適用除外となる規定
区画避難安全検証法	令第126条の2・3：排煙設備の設置，構造（p.96） 令第128条の5：特殊建築物の内装制限（2項，6項，7項，階段にかかわる部分を除く）（p.86）
階避難安全検証法	令第119条：廊下の幅（p.90） 令第120条：直通階段の設置（p.91） 令第123条第3項一号，九号，十一号：特別避難階段の付室，出入り口の特定防火設備，床面積） 令第124条第1項二号：大規模物販店の避難階段等に通ずる出入り口の幅 令第126条の2・3：排煙設備の設置・構造（p.96） 令第128条の5：特殊建築物の内装制限（2項，6項，7項，階段にかかわる部分を除く）（p.86）
全館避難安全検証法	令第112条6項，10項～12項，17項：（11階以上の防火区画，竪穴区画，異種用途区画） 令第119条：廊下の幅（p.90） 令第120条：直通階段の設置（p.91） 令第123条第1項一号，六号，第2項二号，第3項一号～三号，十号，十二号：屋内避難階段の区画，出入口の戸，床面積） 令第124条第1項：大規模物品販売店の特別避難階段への出入口等の幅 令第125条第1項，第3項：避難階段から屋外への出口までの歩行距離等 令第126条の2・3：排煙設備の設置，構造（p.96） 令第128条の5：特殊建築物の内装制限（2項，6項，7項，階段にかかわる部分を除く）（p.86）

A

B

C

D

E

F

G

H

演習問題　避難に関する問題

1　避難施設等

建築物の避難施設等に関する次の記述のうち，建築基準法上，**誤っている**ものはどれか。ただし，耐火性能検証法，防火区画検証法，区画避難安全検証法，階避難安全検証法，全館避難安全検証法及び国土交通大臣の認定による安全性の確認は行わないものとする。

(1) 2階建ての耐火建築物である幼保連携型認定こども園の避難階以外の階において，主たる用途に供する居室及びこれから地上に通ずる主たる廊下，階段その他の通路の壁及び天井の室内に面する部分の仕上げを準不燃材料でしたものについては，居室の各部分から避難階又は地上に通ずる直通階段の一に至る歩行距離を 60m 以下としなければならない。

(2) 集会場の客用に供する屋外への出口の戸は，集会場の規模にかかわらず，内開きとしてはならない。

(3) 非常用エレベーターを設置している建築物であっても，非常用の進入口を設けなければならない。

(4) 避難階以外の階をホテルの用途に供する場合，その階における宿泊室の床面積の合計が 250m^2 のものは，その階から避難階又は地上に通ずる2以上の直通階段を設けなければならない。

(5) 屋内に設ける避難階段の階段室の天井（天井がない場合は，屋根）及び壁の室内に面する部分は，仕上げを不燃材料でし，かつ，その下地を不燃材料で造らなければならない。

2　避難施設等

建築物の避難施設等に関する次の記述のうち，建築基準法上，**誤っている**ものはどれか。

(1) 2階建て，各階の床面積がそれぞれ 200m^2 の物品販売業を営む店舗（避難階は1階）は，避難階以外の階から避難階又は地上に通ずる2以上の直通階段を設けなければならない。

(2) 3階建て，延べ面積 600m^2 の下宿の宿泊室から地上に通ずる廊下，階段その他の通路で，採光上有効に直接外気に開放されたものには，非常用の照明装置を設けなくてもよい。

(3) 主要構造部を準耐火構造とした2階建ての有料老人ホームの避難階以外の階において，主たる用途に供する居室及びこれから地上に通ずる主たる廊下，階段その他の通路の壁及び天井の室内に面する部分の仕上げを準不燃材料でしたものについては，居室の各部分から避難階又は地上に通ずる直通階段の一に至る歩行距離を 60m 以下としなければならない。

(4) 病院における患者用の廊下の幅は，両側に居室がある場合，1.6m 以上としなければならない。

(5) 体育館における建築基準法施行令第116条の2第1項第二号に該当する窓その他の開口部を有しない居室には，排煙設備を設けなくてもよい。

p.179 に解答あり

F 敷地条件から受ける法

建築される場所により，規制される法を集団規定というが，これにより建物の大きさや用途を規定している。高さを制限するもののうち道路条件から規制するものを道路斜線制限という。（06 高さ制限）

F 敷地条件から受ける法

01 道路と敷地

建築物を建てるための敷地は，必ず道路に接していなければならず，その接し方にも細かな規制がある。

1. 道路とは（法第 42 条）

（1）建築物の敷地が接する道路

建築物の敷地は，**幅員 4 m 以上の道路に接していなければならない**。原則として，幅員 4 m 未満の道路のみに接する敷地では，建築することができない。

REFER
法第 42 条
「道路」とは，次の各号の一に該当する幅員 4m 以上のもの ...

REFER
敷地：☞ p.7

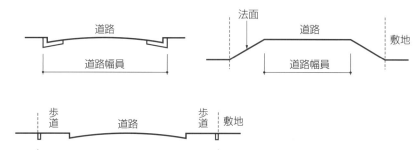

図 1　道路幅員

（2）2 項道路

幅員が 4 m 未満の道であっても，法が適用される以前から道として扱われていたものは，**幅員が 4m になるようにすることで，認められている**。これは，法第 42 条第 2 項に定義されていることから，通称「**2 項道路**」と呼ばれている。

2 項道路は，道路の中心から 2 m の位置を道路と敷地の境界とみなし，その部分には建築することはできない（道の反対側が水路などの場合は，道の反対側から 4 m の位置を境界とみなす）。

REFER
法第 42 条第 2 項
この章の規定が適用されるに至った際，現に建築物が建ち並んでいる幅員 4m 未満の道で，特定行政庁の指定したものは ...

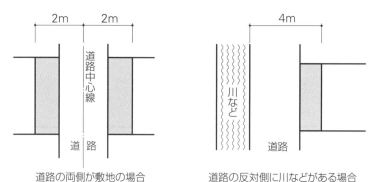

の部分には建築できない，または，容積率，建蔽率の算定の際には敷地面積から除外される。

図 2　2 項道路

道路の種類（法第 42 条）

幅員	条項	内容
4m 以上	第 1 項第一号	道路法による道路
	第 1 項第二号	都市計画法・都市区画整理法等による道路
	第 1 項第三号	法の適用の際すでに建築物が建ち並んでいた道
	第 1 項第四号	道路法・都市計画法等による計画道路で，2 年以内に執行される予定があるものとして，特定行政庁が指定したもの
	第 1 項第五号	建築物の敷地として利用するために築造する道路で，特定行政庁の指定を受けたもの
4m 未満	第 2 項	法の適用の際すでに建築物が建ち並んでいた道で，特定行政庁が指定したもの

REFER
法第 43 条第 1 項一号
建築物の敷地は，道路（略）に 2 m 以上接しなければならない。…

2. 道路と敷地の関係（法第 43 条）

(1) 接道義務

建築物の敷地は，**道路に 2 m 以上接しなければならない。**

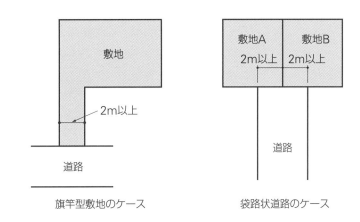

旗竿型敷地のケース　　　　袋路状道路のケース

図 3　接道長さ

(2) 条例による強化

REFER
法第 43 条第 3 項
地方公共団体は，次の各号のいずれかに該当する建築物について …

地方公共団体は，

① 特殊建築物

② 階数が 3 以上の建築物

③ 無窓居室を有する建築物

④ 延べ面積が 1000 ㎡を超える建築物

⑤ 延べ面積が 150m^2 を超える袋路状道路に接する建築物（戸建住宅は除く）

には，接道について法より厳しい制限を加えることができる。

3. 道路内の建築制限（法第44条）

建築物や擁壁などは，**道路内又は道路に突き出してつくることはできない。**

REFER
法第44条
建築物又は敷地を造成す
るための擁壁は，道路内
に又は道路に突き出して
建築し，又は築造しては
ならない。

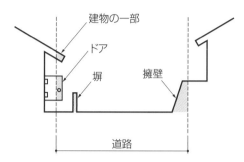

POINT
擁壁：切土や盛土などの
崖の土砂の崩壊を防止す
るために，側面から支え
る壁状の構造物

図4　道路内の建築制限

（1）例外的に認められるもの

① 地盤面下に設ける建築物

② 公益上必要な建築物（公衆便所・派出所など）

③ 自動車専用道路・特定高架道路等の上空又は路面下に設けるもの

④ 公共用歩廊（アーケード・渡り廊下等）

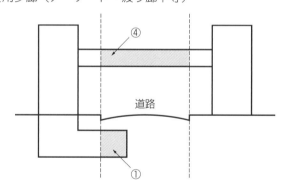

図5　道路内の建築制限の例外

4. 位置指定道路（令第144条の4）

REFER
法第42条第1項第五号
…これを築造しようとす
る者が，特定行政庁から
その位置の指定を受けた
もの

宅地の開発などで，建築しようとする敷地が道路に面していない場合は，道路を築造しなければならない。このときの道路を「**位置指定道路**」と呼び，一定の技術的基準が設けられている。

（1）位置指定道路の技術的基準

REFER
令第 144 条の 4
法第 42 条第 1 項第五号
の規定により政令で定め
る基準は，次の各号に掲
げるものとする。

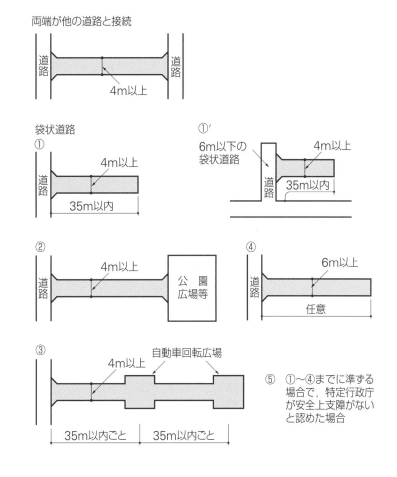

図6　位置指定道路の技術的基準

5．私道の廃止と制限（法第 45 条）

REFER
法第 45 条
私道の変更又は廃止に
よって，その道路に接す
る敷地が …
規定に基く条例の規定に
抵触することとなる場合
…
その私道の変更又は廃止
を禁止し，又は制限する
ことができる。

　私道の変更や廃止をする場合，**接道の規定に抵触するような変更や廃止は
禁止**されるなどの制限がある。

演習問題　道　路

1　道　路

都市計画区域内のイ～ニの敷地について，建築基準法上，敷地と道路との関係で，**建築物を建築することができないもののみの組合せ**は，次のうちどれか。ただし，特定行政庁の許可は受けないものとする。

イ．幅員12mの市道沿いの幅2mの水路にのみ4m接している敷地

ロ．建築基準法第3章の規定が適用されるに至った際現に建築物が建ち並んでいる幅員4m未満の私道で，特定行政庁の指定したものにのみ3m接している敷地

ハ．建築基準法第3章の規定が適用された後に築造された幅員4mの農道にのみ2m接している敷地

ニ．非常災害が発生した区域（防火地域以外の区域とする。）の内において，被災者が自ら使用する目的で，その災害が発生した日から1月以内にその工事に着手する延べ面積が30㎡の応急仮設住宅の建築のため，幅員6mの村道にのみ1.8m接している敷地

（1）イとロ　　（2）イとハ　　（3）ロとハ　　（4）ロとニ　　（5）ハとニ

2　道　路

都市計画区域内における道路に関する次の記述のうち，建築基準法上，**誤っているもの**はどれか。ただし，特定行政庁による道路幅員に関する区域の指定はないものとする。

（1）建築基準法第42条第1項第五号の規定により，特定行政庁から位置の指定を受けて道を築造する場合，道の幅を6m以上とすれば，袋路状道路（その一端のみが他の道路に接続したもの）であっても，道の延長は35mを超えることができる。

（2）道路内であっても地盤面下には，建築物を設けることができる。

（3）地区計画の区域内において，建築基準法第68条の7第1項の規定により特定行政庁が指定した予定道路内には，敷地を造成するための擁壁を突き出して築造することができない。

（4）地区計画の区域外において，自転車歩行者専用道路となっている幅員5mの道路法による道路にのみ10m接している敷地には，建築物を建築することができない。

（5）災害があった場合において建築する応急仮設建築物である官公署の敷地は，道路に2m以上接しなくてもよい。

HINT
法第42条～第43条
規則第10条の2の2
法第85条

HINT
法第42条
令第144条の42
法第44条
法第68条の7
法第43条
法第85条

p.179に解答あり

壁面線

> 道路に面した地上部分の建築物や付属の塀などの位置を制限することで，街区の環境の向上を図るのが壁面線で，街区ごとの状況に合わせさまざまに規制される。

1．壁面線とは（法第46条，47条）

　壁面線は，街区内の**建築物の位置を整え，環境の向上**を図ることを目的としている。

（1）壁面線の指定

　壁面線の指定は特定行政庁が行うが，利害関係者の公開による意見聴取や建築審査会の同意が必要。

（2）壁面線の指定による建築制限

　建築物の**壁・柱，高さ2mを超える門・塀**などは，**建築できない**。地盤面下の建築物，特定行政庁が許可した歩廊（アーケード）の柱などは建築できる。

HINT
法第46条〜47条
　… 街区内における建築物の位置を整え，その環境の向上を図るために必要があると認める場合 …

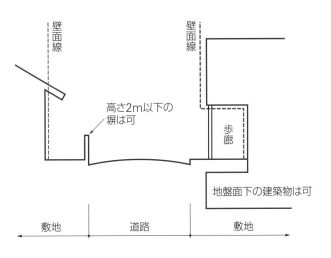

図7　壁面線

03　用途制限

良好な都市環境を形成するために，現状のそれぞれの地域の特性を踏まえ，地域ごとに建ててよい建築物の用途を定めている。

1. 建築物の用途規制（法第48条，法別表第2）

　用途地域は，良好な住環境を保護する地域や商業・工業などの活動の利便性をよくする地域を定め，さまざまな用途の建物が**無秩序に混在することを防ぎ**，秩序ある土地利用計画により，**良好な都市環境の形成を図る**ことを目的としている。

2. 用途地域の種類（法第48条，法別表第2）

　用途地域は，大きく**住居系・商業系・工業系**に分けられ，さらにそれぞれが細かく分けられ，全部で13の用途地域が定められている。

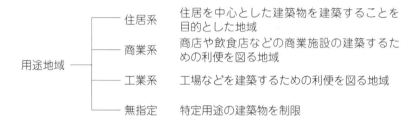

用途地域 ── 住居系　　住居を中心とした建築物を建築することを目的とした地域

　　　　　── 商業系　　商店や飲食店などの商業施設の建築するための利便を図る地域

　　　　　── 工業系　　工場などを建築するための利便を図る地域

　　　　　── 無指定　　特定用途の建築物を制限

住居系	第1種低層住居専用地域	低層住宅の良好な住環境を保護する地域
	第2種低層住居専用地域	おもに住宅の良好な住環境を保護する地域で，小規模な店舗などは認められる。
	第1種中高層住居専用地域	中高層住宅の専用地域で中高層住宅の良好な環境を保護する地域で，小規模な店舗などは可
	第2種中高層住居専用地域	おもに中高層の住宅の良好な環境を保護する地域で，中規模な店舗など日常生活の利便性を認めた地域
	第1種住居地域	大規模な店舗や事業所を制限し，住環境を保護
	第2種住居地域	店舗・事務所などと住宅の混在を認めた地域
	準住居地域	自動車関連施設など沿道の業務の利便を図りながら，これと調和した住環境を保護
	田園住居地域	農地と調和した低層住宅の良好な住環境を保護する地域
商業系	近隣商業地域	近隣住宅地のための店舗・事務所などの利便性を図る地域
	商業地域	都市の中心や地区の中心にある，商業・業務地などを対象にし，商業・業務の利便性を図る。
工業系	準工業地域	中小の工場と住宅・店舗などが混在する地域
	工業地域	おもに工業の利便性を増進し，その振興を図り，他の用途との混在を防ぐ。
	工業専用地域	積極的な工場の立地を進め，工業の利便性を増進する地域
	用途地域の指定のない区域	劇場・映画館・店舗など特定用途の建築物の建築を制限

図8　用途地域の種類

3. 用途地域内の建築制限（法第 48 条，法別表第 2）

(1) 用途地域の分類と建築制限

　用途地域ごとの建築制限は，**法別表第 2** で示されており，次の通り(い)項 ～(か)項があり，(い)～(は)，(ち)は**建築できる建築物**が，(に)～(と)，(り)～(か)は**建築してはならない建築物**が示され，一部を除き，**抱含関係**になっている。

(い)項	第 1 種低層住居専用地域	建築できる建築物
(ろ)項	第 2 種低層住居専用地域	
(は)項	第 1 種中高層住居専用地域	
(に)項	第 2 種中高層住居専用地域	建築してはならない建築物
(ほ)項	第 1 種住居地域	
(へ)項	第 2 種住居地域	
(と)項	準住居地域	
(ち)項	田園住居地域	建築できる建築物
(り)項	近隣商業地域	建築してはならない建築物
(ぬ)項	商業地域	
(る)項	準工業地域	
(を)項	工業地域	
(わ)項	工業専用地域	
(か)項	無指定	

左図において(ろ)項には，(い)項も含まれることを表している。

(ろ)項：(い)～(ろ)項の全て
(い)項：(い)項のみ

左図において(は)項には，(い)項も含まれることを表している。

(は)項：(い)項および(は)項の全て

左図において(ち)項には，(い)項も含まれることを表している。

(ち)項：(い)項および(ち)項の全て

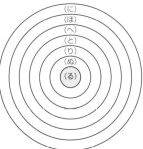

左図において(に)項には，(ぬ)～(ほ)項も含まれることを表している。

(に)項：(に)～(と)，(り)～(ぬ)項の全て
(ほ)項：(ほ)～(と)項の全て
　　　　　⋮
(ぬ)項：(ぬ)～(る)項の全て
(ぬ)項：(ぬ)項のみ

左図において(わ)項には，(を)項も含まれることを表している。

(る)項：(わ)～(を)項の全て
(を)項：(を)項のみ

 (か)項：(か)項のみ

図 9　用途制限の抱含関係

	住居系								商業系		工業系		
	一低住専	二低住専	一高住専	二高住専	一住居	二住居	準住居	田園住居	近商	商業	準工業	工業	工専
保育所，一般公衆浴場，診療所，神社，教会，巡査派出所，公衆電話等の公共施設	○	○	○	○	○	○	○	○	○	○	○	○	○
住宅，共同住宅，寄宿舎，下宿，小規模店舗・事務所兼用住宅，図書館等*1，老人ホーム，福祉ホーム等	○	○	○	○	○	○	○	○	○	○	○	○	×
郵便局，地方公共団体の支庁舎，老人福祉センター	△*2	△*2	○	○	○	○	○	△*2	○	○	○	○	○
≦150㎡の特定店舗・飲食店（≦2階）	×	○*3	○	○	○	○	○	○*3	○	○	○	○	×
>150，≦500㎡の特定店舗・飲食店（≦2階）	×	×	○*4	○	○	○	○	○*6	○	○	○	○	×
上記以外の店舗・飲食店≦1500㎡（≦2階）	×	×	×	○	○	○	○	×	○	○	○	○	×
上記以外の店舗・飲食店≦3000㎡	×	×	×	×	○	○	○	×	○	○	○	○	×
店舗・飲食店>3000㎡	×	×	×	×	×	○	○	×	○	○	○	○	×
一般事務所>500㎡，≦1500㎡（≦2階）	×	×	×	○	○	○	○	×	○	○	○	○	○
上記以外の一般事務所≦3000㎡	×	×	×	×	○	○	○	×	○	○	○	○	○
同上>3000㎡	×	×	×	×	×	○	○	×	○	○	○	○	○
幼稚園，小・中・高校，盲・ろう・養護学校	○	○	○	○	○	○	○	○	○	○	○	×	×
大学，高専，専修学校および類似，病院	×	×	○	○	○	○	○	×	○	○	○	×	×
ホテル・旅館≦3000㎡	×	×	×	×	○	○	○	×	○	○	○	×	×
同上>3000㎡	×	×	×	×	×	○	○	×	○	○	○	×	×
自動車教習所≦3000㎡，15㎡<畜舎≦300㎡	×	×	×	×	○	○	○	×	○	○	○	○	○
自動車教習所・畜舎>3000㎡	×	×	×	×	×	○	○	×	○	○	○	○	○
ボーリング場，スケート場，水泳場，スキー場，ゴルフ練習場，バッティング練習場≦3000㎡	×	×	×	×	○*8	○	○	×	○	○	○	○*7	×
同上>3000㎡	×	×	×	×	×	○	○	×	○	○	○	○	×
マージャン屋，パチンコ屋，射的場，馬券車券売り場等	×	×	×	×	×	○	○	×	○	○	○	○	×
カラオケボックス等	×	×	×	×	×	○	○	×	○	○	○	○	○
キャバレー，料理店，ナイトクラブ，ダンスホール等	×	×	×	×	×	×	×	×	×	○	○	×	×
個室付浴場業の公衆浴場，その他*5	×	×	×	×	×	×	×	×	×	○	×	×	×
自動車修理工場（50㎡<作業場≦150㎡）	×	×	×	×	×	○	○	×	○	○	○	○	○
同上（作業場>150㎡）	×	×	×	×	×	×	×	×	○	○	○	○	○
倉庫業の倉庫	×	×	×	×	×	×	○	×	○	○	○	○	○
劇場・映画館・演芸場・観覧場（客席<200㎡）	×	×	×	×	×	×	○	×	○	○	○	×	×
同上（客席≧200㎡）	×	×	×	×	×	×	×	×	○	○	×	×	×
独立車庫 ① a≦300㎡（≦2階）	×	×	○	○	○	○	○	×	○	○	○	○	○
独立車庫 ② a≦300㎡（>3階），a>300㎡	×	×	×	×	×	×	○	×	○	○	○	○	○
建築物に付属する車庫 ③ a≦300㎡，a≦A（車庫部2階以下）	○	○	○	○	○	○	○	○	○	○	○	○	○
建築物に付属する車庫 ④ 600㎡<a≦3000㎡，a≦A（同上）	×	×	○	○	○	○	○	×	○	○	○	○	○
建築物に付属する車庫 ⑤ ③，④以外で，a≦A（同上）	×	×	×	×	○	○	○	×	○	○	○	○	○
建築物に付属する車庫 ⑥ ③〜⑤以外の車庫	×	×	×	×	×	×	○	×	○	○	○	○	○

○ 建築できる　△ 一定規模以内のものは建築できる　× 原則として建築できない　a: 車庫面積　A: 延べ面積合計（車庫は除く）
*1 令第130条の3　*2 令第130条の4　*3 令第130条の5　*4 令第130条の5の3　*5 令第130条の9の2
*6 農作物直売所，農家，レストランのみ（2階以下）　*7 1000m²以下　*8 3000m²以下

図10　用途地域の建築制限

(2) 住居系の地域の規制

① 第1種低層住居専用地域内に建築できる建築物

REFER
☞図10の用途地域の一覧参照

建築することができるおもな建築物に，住宅・共同住宅，小・中・高校，神社，教会，保育所，一般公衆浴場，診療所などがある。

a　建築することができる兼用住宅

事務所・食堂・喫茶店・理髪店・パン屋・学習塾・アトリエ等を兼用する住宅については建築することができるが，**延べ面積の 1/2 以上を居住部分とし，かつ兼用の部分の面積は 50㎡以下**としなければならない。

b　建築することができる公益上必要な建築物

・郵便法による郵便の業務の用に供する施設で延べ面積 500㎡以内

・地方公共団体の支庁又は支所，老人福祉センター，児童厚生施設等で延べ面積が 600㎡以内

・公園に設けられる公衆便所又は休憩所

・路線バスの停留所の上屋

・国土交通大臣の指定する電話局・変電所・公共下水道の施設等

② 第2種低層住居専用地域内に建築できる建築物

③ 第1種中高層住居専用地域内に建築できる建築物

④ 第2種中高層住居専用地域内に建築してはならない建築物

⑤ 第1種住居地域内に建築してはならない建築物

⑥ 第2種住居地域内に建築してはならない建築物

⑦ 準住居地域内に建築してはならない建築物

⑧ 田園住居地域内に建築することができる建築物

(3) 商業系の地域の規制

REFER
☞図10の用途地域の一覧参照

① 近隣商業地域内に建築してはならない建築物

② 商業地域内に建築してはならない建築物

(4) 工業系の地域の規制

POINT
住宅・共同住宅は，工業専用地域のみで建築が禁止されている。

① 準工業地域内に建築してはならない建築物

② 工業地域内に建築してはならない建築物

③ 工業専用地域内に建築してはならない建築物

Memo　特例による建築制限の許可

用途制限の規定で制限される建築物でも，一定の条件を満たせば，特定行政庁の許可により建築できる。（法第 48 条第 13 項・14 項）

演習問題　用途制限

HINT
法第 48 条
法別表第 2

1　用途制限

次の 2 階建の建築物のうち，建築基準法上，**新築することができるもの**はどれか。ただし，特定行政庁の許可は受けないものとし，用途地域以外の地域，地区等は考慮しないものとする。

(1) 第一種低層住居専用地域内の延べ面積 700㎡の老人福祉センター
(2) 第二種低層住居専用地域内の延べ面積 200㎡の喫茶店
(3) 第一種中高層住居専用地域内の延べ面積 500㎡の旅館
(4) 第一種住居地域内の延べ面積 100㎡の倉庫業を営む倉庫
(5) 近隣商業地域内の延べ面積 500㎡の日刊新聞の印刷所

2　用途制限

2 階建，延べ面積 300㎡の次の建築物のうち，建築基準法上，**新築してはならないもの**はどれか。ただし，特定行政庁の許可は受けないものとし，用途地域以外の地域，地区等は考慮しないものとする。

(1) 第一種低層住居専用地域内の児童厚生施設
(2) 第二種低層住居専用地域内の保健所
(3) 第二種住居地域内のぱちんこ屋
(4) 準住居地域内の劇場で，客席の部分の床面積の合計が 180㎡のもの
(5) 工業専用地域内の銀行の支店

3　用途制限

HINT
法第 48 条
法別表第 2
令第 130 条の 3
令第 130 条の 5 の 2
令第 130 条の 5 の 3
令第 130 条の 5 の 6
令第 130 条の 6 の 2

次の建築物のうち，建築基準法上，**新築することができるもの**はどれか。ただし，特定行政庁の許可は受けないものとし，用途地域以外の地域，地区等は考慮しないものとする。

(1) 第一種低層住居専用地域内の 2 階建，延べ面積 300㎡の住宅で，美術品を製作するためのアトリエを兼ね，アトリエ部分の床面積の合計が 100㎡のもの
(2) 第二種低層住居専用地域内の 2 階建，延べ面積 300㎡の併用住宅で，1 階を床面積 150㎡の学習塾，2 階を床面積 150㎡の住宅としたもの
(3) 第一種中高層住居専用地域内の 3 階建，延べ面積 500㎡の宅地建物取引業を営む店舗（各階を当該用途に供する。）
(4) 第二種中高層住居専用地域内の平家建，延べ面積 200㎡のパン屋の工場で，作業場の床面積の合計が 100㎡のもの
(5) 工業専用地域内の 2 階建，延べ面積 500㎡のゴルフ練習場

p.179 に解答あり

04　容積率

良好な都市環境を形成するためには，無制限に建築物を建てることがないよう，敷地面積に応じた建物の大きさ（面積）を制限している。

1．容積率とは（法第52条）

容積率は，建築物の**延べ面積の敷地面積に対する割合**をいい，次の式で表される。建築物の容積率は，法で定められた容積率の限度以下としなければならない。

$$容積率 = \frac{延べ面積}{敷地面積} \leqq 容積率の限度$$

POINT
容積率の表示：容積率の表示には，百分率（％）と分数の形式があるが，条文では分数が使われている。

延べ面積☞ p.17
敷地面積☞ p.16
用途地域☞ p.110

容積率の限度は，**用途地域ごとに法第52条に定められた指定容積率の値**と，前面道路の幅員による容積率の限度のうち厳しいほうの値を採用する。

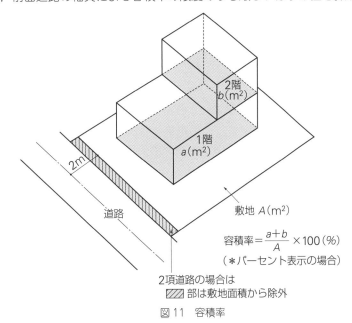

$$容積率 = \frac{a+b}{A} \times 100（\%）$$
（＊パーセント表示の場合）

2項道路の場合は
▨部は敷地面積から除外

図11　容積率

Memo　容積率・建蔽率・床面積の算定

容積率・建蔽率・床面積算定時の小数点以下の桁数について
（単位：面積 → ㎡　容積・建蔽率 → ％）
① 各階の床面積は，小数点以下2位までとし，3位以下を切り捨てる。
② 延べ面積は，①で算定した各階の床面積の合計とする。
③ その他の面積についても，小数点以下2位までとし，3位以下を切り捨てる。
③ 建蔽率及び容積率は，小数点以下2位までとし3位以下を切り上げる。
（S41 住指発第87号より）

2. 用途地域と容積率（指定容積率）（法第 52 条第 1 項）

	用途地域	指定容積率（都市計画で定める数値）
住居系	第 1 種・第 2 種低層住居専用地域 田園住居地域	5/10，6/10，8/10，10/10，15/10，20/10
	第 1 種・第 2 種中高層住居専用地域，第 1 種・第 2 種住居地域，準住居地域	10/10，15/10，20/10，30/10，40/10，50/10
非住居系	近隣商業地域，準工業地域	10/10，15/10，20/10，30/10，40/10，50/10
	商業地域	20/10，30/10，40/10，50/10，60/10，70/10，80/10，90/10，100/10，110/10，120/10，130/10
	工業地域，工業専用地域	10/10，15/10，20/10，30/10，40/10
	無指定（特定行政庁が都市計画審議会の議を経て定める）	5/10，8/10，10/10，20/10，30/10，40/10

※指定容積率は都市計画で定めるので，同じ用途地域でも，それぞれの地方や地域により異なる。

3. 前面道路と容積率（法第 52 条第 2 項）

前面道路の**幅員**が 12m 未満の場合は，前面道路の幅員に 4/10 又は 6/10 をかけた値と指定容積率のうち厳しいほうの値が，容積率の限度となる。

① 指定容積率（上表）

② 前面道路の幅員による容積率

住居系の地域　前面道路の幅員（単位：m）× **4/10**

その他の地域　前面道路の幅員（単位：m）× **6/10**

①と②を比較し，小さいほうの値が容積率の限度となる。

W<12mのとき
住居系の地域：W×4/10
その他の地域：W×6/10
これと都市計画で定められた指定容積率と比較し，値が小さいほうをとる。

図 12　道路幅員と容積率

POINT
ここでの特例はあくまで
容積率算定時のみである
ことに留意

4. 延べ面積の特例（法第52条第3項・6項，令第2条第1項四号・3項）

容積率算定上の延べ面積には，住宅・老人ホーム等の地階部分の特例，共同住宅・老人ホーム等の共用部分，駐車場・駐輪施設，宅配ボックス設置部分，昇降機の昇降路の不算入の特例の規定がある。

(1) 住宅・老人ホーム等の地階の特例

住宅・老人ホーム等の用途の**床面積の1/3を限度**として，延べ面積に算入しない。地階の定義は，令第1条第二号によるほか，**天井が地盤面から1m以下**になければならない。

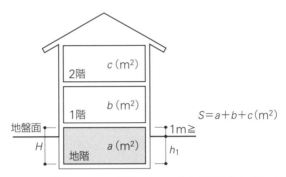

$h_1 \geqq H/3$（地階の床から地盤面までの高さが天井高の1/3以上）

$\dfrac{S}{3}$（m²）を限度として，容積率算定上の延べ面積から除外

$a \leqq \dfrac{S}{3}$ のときは $\quad b+c$（m²）が容積率算定上の延べ面積

$a > \dfrac{S}{3}$ のときは $\quad \dfrac{S}{3}$ が除外できるので $S - \dfrac{S}{3} = \dfrac{2}{3}S$ となり，

$\qquad\qquad\qquad\qquad \dfrac{2}{3}S$（m²）が容積率算定上の延べ面積

図13　住宅の地階

(2) 共同住宅・老人ホーム等の共用部分

共同住宅・老人ホーム等の**共用の廊下・階段**の床面積は，**延べ面積に算入しない。**

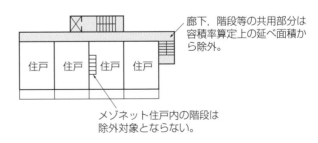

図14　共同住宅・老人ホーム等の共用部分

(3) 駐車場・駐輪施設

駐車場，駐輪施設は，**延べ面積の 1/5 を限度として**，延べ面積に算入しない。

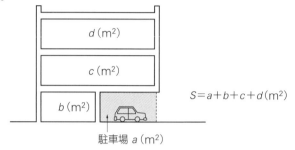

$$S=a+b+c+d(\mathrm{m^2})$$

駐車場 $a(\mathrm{m^2})$

$\dfrac{S}{5}(\mathrm{m^2})$ を限度として，容積率算定上の延べ面積から除外

$$a\leqq\dfrac{S}{5}\text{ のときは}\qquad b+c+d(\mathrm{m^2})\text{ が容積率算定上の延べ面積}$$

$$a>\dfrac{S}{5}\text{ のときは}\qquad \dfrac{S}{5}\text{ が除外できるので}S-\dfrac{S}{5}=\dfrac{4}{5}S\text{となり，}$$

$$\dfrac{4}{5}S(\mathrm{m^2})\text{ が容積率算定上の延べ面積}$$

図 15　駐車場

(4) 昇降路

昇降機（エレベーター）の**昇降路は**，全ての建物においてすべての階で**延べ面積に算入しない**。

(5) 宅配ボックス

共同住宅・老人ホーム等の共用部に設置される場合は全て延べ面積に算入しない。それ以外の建築物では延べ面積の 1/100 を限度に算入しない。

PEFER
令第 2 条第 12 項第四号
ヘ，第 3 項第六号

5. 特定道路による緩和（法第 52 条第 9 項，令第 135 条の 17）

前面道路の幅員が 6m 以上 12m 未満で，その前面道路が幅員 15m 以上の道路（**特定道路**）に 70m 以内で接する場合には，**前面道路の幅員を割り増して，前面道路による容積率の制限を適用することができる**。

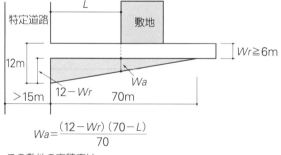

$$Wa=\dfrac{(12-Wr)(70-L)}{70}$$

この敷地の容積率は
　（$Wr+Wa$）×6/10（又は4/10）

図 16　特定道路による緩和

演習問題　容積率

HINT
法第 52 条

1　容積率

下図の敷地における建築物の**容積率**を計算しなさい。

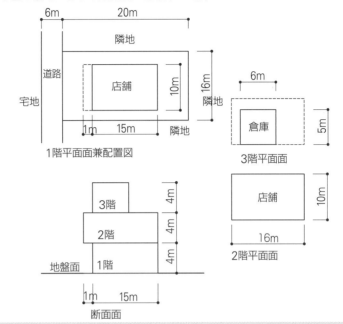

（解法）
敷地面積＝ 20 × 16 ＝ 320㎡
延べ面積＝ 1 階床面積＋ 2 階床面積＋ 3 階床面積
　　　　＝（15 × 10）＋（16 × 10）＋（6 × 5）＝ 340㎡
容積率＝延べ面積／敷地面積＝ 340 ／ 320 ＝ 1.0625 → 106.25%

2　容積率

HINT
法第 52 条
令第 2 条第 1 項四号
　・3 項

都市計画区域内における建築物の延べ面積（容積率の算定の基礎となるもの），容積率に関する次の記述のうち，建築基準法上，**正しいもの**はどれか。ただし，用途地域以外の地域，地区等及び特定行政庁の指定等は考慮しないものとする。

(1) 共同住宅の共用のエレベーターの用に供する部分の床面積は，原則として，延べ面積に は算入しない。

(2) 建築物の敷地が容積率の制限の異なる区域にわたる場合においては，当該敷地の全部について，敷地の過半の属する区域の容積率の制限を適用する。

(3) 用途地域の指定のない区域内の耐火建築物は，容積率の制限を受けない。

(4) 共同住宅の屋上に設ける共用の倉庫の用に供する部分の床面積は，原則として，延べ面積には算入しない。

(5) 建築物の自動車車庫の用途に供する部分の床面積は，原則として，当該建築物の各階の床面積の合計の 1/5 を限度として延べ面積には算入しない。

p.179 に解答あり

建蔽率

> 容積率と同様に，敷地の広さに応じて建築物の大きさ（面積）を規制するが，建蔽率は建築物周囲の空きを確保するよう規制している。

1. 建蔽率とは（法第53条）

建蔽率は，建築物の**建築面積の敷地面積に対する割合**をいい，次の式で表される。建築物の建蔽率は，法で定められた建蔽率の限度以下としなければならない。

REFER
敷地面積：☞ p.16
建築面積：☞ p.16

$$建蔽率 = \frac{建築面積}{敷地面積} \leqq 建蔽率の限度$$

POINT
建蔽率の表示：建蔽率の表示には，百分率（％）と分数の形式があるが，条文では分数が使われている。
［例］
　百分率の表示→60％
　分数の表示→6/10

建蔽率の限度は，用途地域ごとに法第53条に定められている。

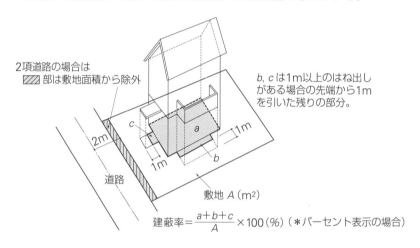

図17　建蔽率

REFER
用途地域：☞ p.110

2. 用途地域と建蔽率（法第53条）

用途地域	都市計画で定める数値
第1種・第2種低層住居専用地域 第1種・第2種中高層住居専用地域 田園住居地域，工業専用地域	3/10，4/10，5/10，6/10
第1種・第2種住居地域， 準住居地域，準工業地域	5/10，6/10，8/10
近隣商業地域	6/10，8/10
商業地域	8/10
工業地域	5/10，6/10
無指定（特定行政庁が都市計画審議会 　の議を経て定める）	3/10，4/10，5/10，6/10， 7/10

3. 建蔽率の緩和（法第53条）

① 防火地域内の耐火建築物等，あるいは準防火地域内の準耐火建築物等は，法第53条第1項で示された建蔽率の数値に **1/10を加えたもの**を建蔽率とする。

REFER
耐火建築物： ☞ p.13

② **角地にある敷地**で特定行政庁が指定したもの，又は，特定行政庁が指定した街区にある敷地は，法第53条第1項で示された建蔽率の数値に **1/10を加えたもの**を，建蔽率とする。

③ ①，②の両方の条件を満たしたものは，法第53条第1項で示された建蔽率の数値に **2/10を加えたもの**を，建蔽率とする。

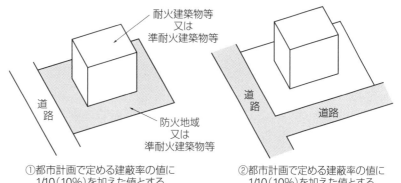

①都市計画で定める建蔽率の値に 1/10（10%）を加えた値とする。

②都市計画で定める建蔽率の値に 1/10（10%）を加えた値とする。

図18 建蔽率の緩和

4. 適用の除外（法第53条第6項）

下記のものは，**建蔽率の制限が適用されない。**

防火指定	建築物
防火地域	耐火建築物等
準防火地域	耐火建築物等又は，準耐火建築物等

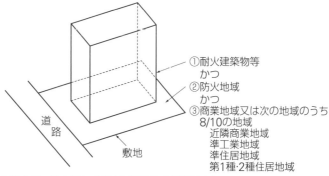

①耐火建築物等
かつ
②防火地域
かつ
③商業地域又は次の地域のうち 8/10の地域
　近隣商業地域
　準工業地域
　準住居地域
　第1種・2種住居地域

上記の①〜③を満たす場合は建蔽率の制限はない。
⇨ 建蔽率が10/10（100%）［敷地面積＝建築面積］でもよい。

図19 適用の除外

①　第1種・第2種住居地域，準住居地域，準工業地域，近隣商業地域の各地域のうち8/10の地域，商業地域で防火地域内の耐火建築物

②　巡査派出所・公衆便所・公共用歩廊など

③　公園・広場・道路・川等の内にある建築物で，特定行政庁が安全上・防火上・衛生上支障がないと認めて許可したもの。

5.　敷地が建蔽率の異なる2以上の区域にまたぐ場合（法第53条第2項）

一つの敷地が，2以上の区域にわたる場合は，それぞれの区域ごとの敷地で建築面積の限度を計算し，これらの合計をその敷地の建築面積の限度とする。

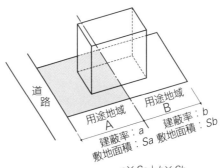

用途地域A　建蔽率：a　敷地面積：Sa
用途地域B　建蔽率：b　敷地面積：Sb

$$敷地全体の建蔽率 = \frac{a \times Sa + b \times Sb}{Sa + Sb}$$

＊建築物が敷地内のどの位置にあるかに関係なく，
上記の建蔽率を超えなければよい。

図20　2以上の敷地

6.　敷地が防火地域，準防火地域の内外にわたる場合（法第53条第8項）

建蔽率の緩和を適用するにあたり，敷地が防火地域と準防火地域，又は，防火地域と指定のない地域にわたる場合で，建築物が耐火建築物等のときは，**敷地のすべてが防火地域にあるものとみなす。**

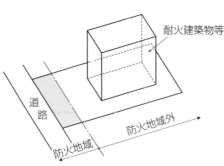

防火地域内における耐火建築物が建蔽率の緩和の適用は，敷地の一部でも防火地域であればよい。又，建築物が防火地域内にあるかどうかも問わない。

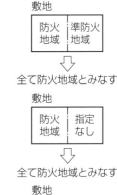

敷地

防火地域	準防火地域

⇩
全て防火地域とみなす

敷地

防火地域	指定なし

⇩
全て防火地域とみなす

敷地

準防火地域	指定なし

⇩
全て準防火地域とみなす

図21　防火地域の内外にわたる場合

演習問題　建蔽率

1　建蔽率

HINT
法第53条

下図の敷地における建築物の**建蔽率**を計算しなさい。

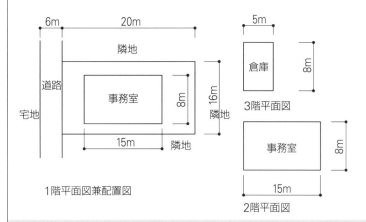

1階平面図兼配置図

3階平面図

2階平面図

（解法）
敷地面積＝ 20 × 16 ＝ 320㎡
建築面積＝ 15 × 8 ＝ 120㎡
建蔽率＝建築面積／敷地面積＝ 120 ／ 320 ＝ 0.375(37.5%)

2　建蔽率

都市計画区域内における建築物の建蔽率に関する次の記述のうち，建築基準法上，**正しいもの**はどれか。ただし，用途地域及び防火地域以外の地域，地区等並びに特定行政庁の指定・許可等は考慮しないものとする。

(1) 商業地域内で，かつ，防火地域内にある耐火建築物は，建蔽率の制限を受けない。

(2) 敷地に接する道路の幅員によって，建築物の建蔽率の制限が異なる。

(3) 建築物の敷地が建蔽率の制限の異なる区域にわたる場合においては，当該敷地の全部について，敷地の過半の属する区域の容積率の制限を適用する。

(4) 敷地が防火地域と準防火地域にまたぐ場合，その敷地内の全建築物が耐火建築物であっても，その敷地全体を防火地域内にあるものとして建蔽率の緩和を受けることはできない。

(5) 用途地域の指定のない地域には，建蔽率の適用は受けない。

p.179 に解答あり

06 高さ制限

良好な都市環境を形成するために，道路からの景観，隣地への配慮，日照などから建築物の高さを規制している。

1. 高さ制限の種類（法第 55 条・法第 56 条）

建物の高さを制限する法には，**絶対高さの制限，道路斜線・隣地斜線・北側斜線・高度地区**による制限がある。日影規制も建物の高さを制限するものであるが，「7. 日影規制」で扱う。

制限項目 / 用途地域	絶対高の制限（法55条）	道路斜線制限（法56条第1項一号）	隣地斜線制限（法56条第1項二号）	北側斜線制限（法56条第1項三号）	日影制限（法56条の2）
第1種・第2種低層住居専用地域,田園住居地域	10mまたは12m	1.25/1	———	5m＋1.25/1	対象建築物は日影規制を受ける
第1種・第2種中高層住居専用地域	———	1.25/1	20m＋1.25/1	10m＋1.25/1（日影規制がかからない場合に限る）	
第1種・第2種住居地域，準住居地域	———	1.25/1	20m＋1.25/1	———	
近隣商業地域,準工業地域	———	1.5/1	31m＋2.5/1	———	
商業地域,工業地域,工業専用地域	———	1.5/1	31m＋2.5/1	———	
用途地域の指定のない区域	———	1.25/1または1.5/1	31m＋2.5/1	———	対象建築物は日影規制を受ける

・高さの算定の基準面は，道路斜線制限では前面道路の中心，その他の制限では敷地の地盤面である。
・屋上突出物の算入しなくてよい高さは，道路斜線制限と隣地斜線制限では 12m，北側斜線制限では 0m，絶対高さ制限では 5m，高度地区による制限では 12m（北側からの制限では 0m）である。

図 22　高さ制限の種類

2. 絶対高さの制限（法第 55 条，令第 130 条の 10）

REFER
法第 55 条

第 1 種・第 2 種低層住居専用地域，田園住居地域では，建物の高さは **10 m 以下，又は 12 m 以下**としなければならない。

10 m 以下とすべきか，12 m 以下とすべきかは，都市計画により定められる。

なお，10 m 以下と定められた地域であっても，一定の空地率を確保した敷地面積が 1500㎡以上の場合，低層住宅の良好な住環境を害する恐れがないと特定行政庁が認めた場合は，高さの限度を 12 m とすることができる。

太陽光，風力などの再生可能エネルギー源設備を設置する部分に関しては，一定の基準を満たせば高さから除外できる。

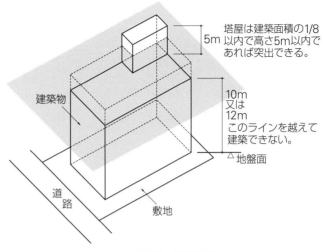

塔屋は建築面積の1/8
以内で高さ5m以内で
あれば突出できる。

5m

建築物

10m
又は
12m
このラインを越えて
建築できない。

△地盤面

道路

敷地

図 23　絶対高さ

3. 道路斜線

(1) 道路斜線の基本 (法第 56 条第 1 項一号，法別表第 3)

REFER
法第 56 条第 1 項

道路の反対側の境界線から一定の勾配で立ち上げた線（**道路斜線**）から突出してはならない。道路斜線の勾配は，**住居系の地域では 1.25/1**，**非住居系の地域では 1.5/1** となっている。

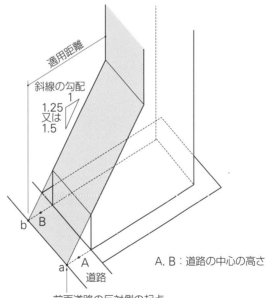

適用距離

斜線の勾配
1
1.25
又は
1.5

b　B

a　A

道路

A，B：道路の中心の高さ

前面道路の反対側の起点

＊道路面の高さが斜めの場合でも起点は，
あくまで，道路の中心における高さとする。
・aとAの高さが異なるときでも起点はAとする。
・AとBの高さが異なるときは，
　bの位置における立上り起点の高さはB
　aの位置における立上り起点の高さはA

図 24　道路斜線

REFER
法別表第 3
用途地域：☞ p.110

(2) 適用距離

　道路斜線の勾配は，用途地域に応じて**道路の反対側の境界線から一定の距離の範囲まで適用**され，それを超えた部分は適用されない。

用途地域と斜線制限のとの適用距離

用途地域	容積率の限度	適用距離	斜線の勾配
第 1 種・第 2 種低層住居専用地域，第 1 種・第 2 種中高層住居専用地域，田園住居地域，第 1 種・第 2 種住居地域，準住居地域	20/10 以下	20 m	1.25 (1.5)
	20/10 を超え 30/10 以下	25 m（20 m）	
	30/10 を超え 40/10 以下	30 m（25 m）	
	40/10 を超える	35 m（30 m）	
近隣商業地域，商業地域	40/10 以下	20 m	1.5
	40/10 を超え 60/10 以下	25 m	
	60/10 を超え 80/10 以下	30 m	
	80/10 を超え 100/10 以下	35 m	
	100/10 を超え 110/10 以下	40 m	
	110/10 を超え 120/10 以下	45 m	
	120/10 を超える	50 m	
準工業地域，工業地域，工業専用地域	20/10 以下	20 m	1.5
	20/10 を超え 30/10 以下	25 m	
	30/10 を超え 40/10 以下	30 m	
	40/10 を超える	35 m	
第 1 種住居地域，第 2 種住居地域，準住居地域又は準工業地域内について定められた高層住居誘導地区内の建築物であって，その住宅の用途に供する部分の床面積の合計がその延べ面積の 2/3 以上であるもの		35m	1.5
用途地域の指定のない地域	20/10 以下	20 m	1.25 または 1.5
	20/10 を超え 30/10 以下	25 m	
	30/10 を超える	30 m	

・ 第 1 種・2 種中高層地域（基準容積率 ≧ 40/10）および第一種・二種住居地域，準住居地域（特定行政庁が都市計画審議会により指定する区域）においては（ ）内の数値が適用される。

(3) 道路斜線の緩和

① 道路境界線から後退する場合

REFER
法第 56 条第 2 項
法第 56 条第 7 項
令第 130 条の 12

前面道路の境界線から**後退（セットバック）して建築する場合**は，道路の**反対側の境界線が後退した距離だけ外側にあるものとみなし**，道路斜線を適用する。

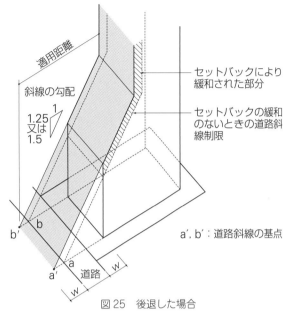

図25　後退した場合

② 2 以上の道路に接する場合

REFER
令第 132 条

幅員の異なる道路が交差する場合，次の部分について幅員の狭い道路に，**幅員の広い道路があるものとし，道路斜線制限を適用する。**

・**幅員の広い道路の境界線**から，その**幅員の 2 倍以内**でかつ **35 m 以内**の敷地の部分

・**幅員の狭い道路の中心から 10 m を超える部分**

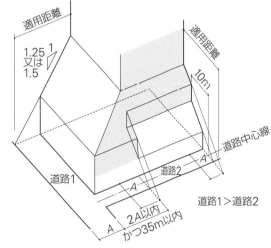

図26　2 以上の場合

③　敷地と道路に高低差がある場合

　道路斜線の基点は，敷地の高さではなく道路の中心であるが，敷地と道路の高低差が大きい場合（1m以上）には，**高低差から1mを引いた値の1/2だけ高い位置**を起点とし，斜線制限を適用する。

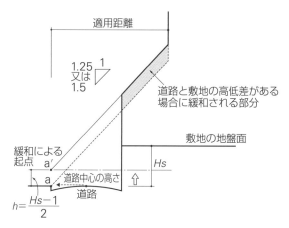

図27　高低差がある場合

④　道路の反対側に公園・広場・水面等がある場合

　前面道路の反対側に，公園・広場・水面等がある場合は，前面道路の反対**側の境界線は公園・広場・水面などの反対側**とみなし，道路斜線制限を適用する。

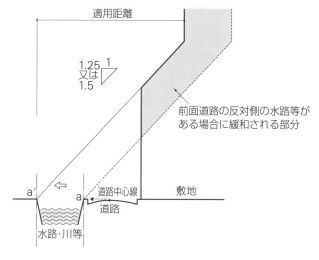

図28　水路の緩和

⑤ 住居系の地域で道路幅員が 12 m 以上の場合

　住居系の地域のうち，第 1 種・第 2 種中高層住居専用地域，第 1 種・第 2 種住居地域，準住居地域の地域で，**前面道路の幅員が 12 m 以上の場合**，前面道路の反対側の境界線から水平距離が道路幅員の 1.25 倍以上の範囲は，**道路斜線制限の勾配を 1.5/1 とする**。

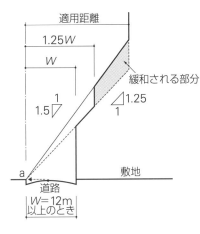

図29　12 m 以上

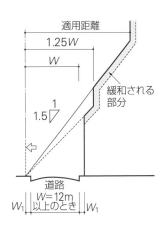

図30　12 m 以上で後退した場合

4. 隣地斜線（法第 56 条第 1 項二号）

(1) 隣地斜線の基本

　隣地境界線上を**垂直に一定距離立ち上がり，その点から定められた勾配線から突出してはならない**。立上り距離と勾配は，用途地域に応じ，図 31 のように，定められている。

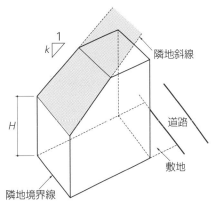

	立上り高さ H	勾配 $k/1$
第1種・2種中高層住居専用地域 第1種・2種住居地域 準住居地域	20m	1.25/1
商業系・工業系の地域	31m	2.5/1

図31　後退した場合

129

（2）隣地斜線の緩和

①　隣地境界線から後退した場合

　隣地斜線の立上り高さ（20 m 又は 31 m）を超える部分が，隣地境界線より**後退している場合は，その後退している水平距離の分だけ外側に境界線があるもの**とみなし，隣地境界線を適用する。

②　隣地の地盤面より 1m 以上低い場合

　敷地の地盤面が隣地より 1m 以上低い場合は，その**高低差から 1m を引いた値の 1/2 だけ高い位置**に敷地があるものとし，隣地斜線制限を適用する。

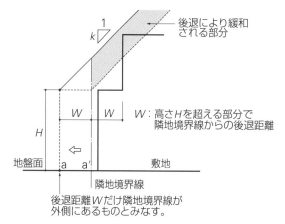

図 32　後退した場合　　　　　　　図 33　高低差がある場合

③　公園・広場・水面などに接する場合

　敷地が公園・広場・水面などに接する場合は，**隣地境界線を公園・広場・水面などの幅の 1/2 だけ外側**にあるものとみなし，隣地斜線制限を適用する。

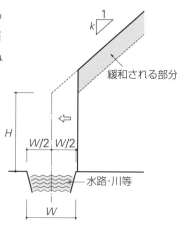

図 34　水路の緩和

5. 北側斜線（法第 56 条第 1 項三号）

(1) 北側斜線の基本

　第 1 種・第 2 種低層住居専用地域，田園住居地域，第 1 種・第 2 種中高層住居専用地域では，**真北方向**にある隣地境界線又は道路の反対側の境界線を起点に，**垂直に 5 m 又は 10 m 立ち上がり，その点から 1.25/1 の勾配線から突出してはならない。**

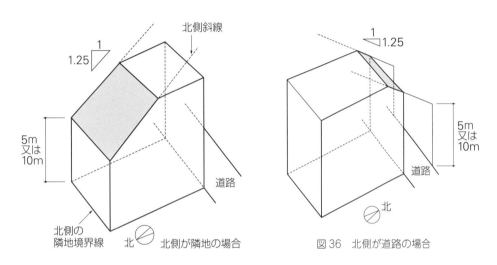

立高り高さ

第 1 種・第 2 種低層住居専用地域，田園住居地域：5m

第 1 種・第 2 種中高層住居専用地域：10m

図 35　北側斜線（北側が隣地）

図 36　北側が道路の場合

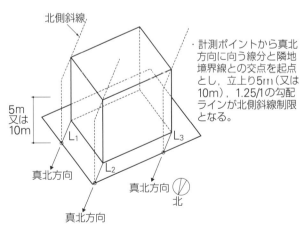

・計測ポイントから真北方向に向う線分と隣地境界線との交点を起点とし，立上り5m（又は10m），1.25/1の勾配ラインが北側斜線制限となる。

図 37　境界線と真北方向が直角でない場合

（2）北側斜線の緩和

①　隣地の地盤面より 1m 以上低い場合

REFER

令第 135 条の 4

敷地の地盤面が隣地より 1m 以上低い場合は，その**高低差から 1m を引いた値の 1/2 だけ高い位置**に敷地があるものとし，隣地斜線制限を適用する。

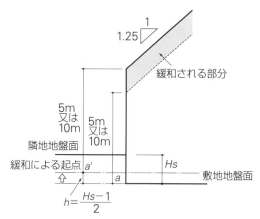

図 38　高低差がある場合

②　水面・線路敷などに接する場合

POINT

北側斜線の場合は，広場や公園は緩和の対象とはならない。

水面・線路敷などの**幅の 1/2 だけ外側にある**ものとみなし，北側斜線制限を適用する。

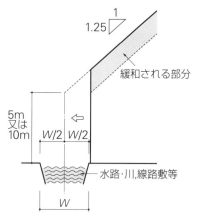

図 39　水路の緩和

演習問題　高さ制限

1　道路斜線・隣地斜線制限

下図の敷地における建築物の

① 　A点における**道路斜線制限上の高さの限度**，及び

② 　B点における**隣地斜線制限上の高さの限度**，を計算しなさい。

ただし，道路に面した部分の敷地には，塀等一切の工作物等はなく，また，敷地，道路ともに高低差はないものとする。また，建築物は上階においての後退はないものとする。

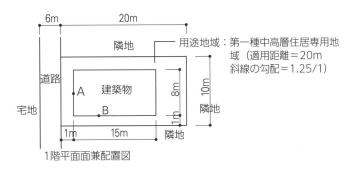

1階平面面兼配置図

（解法）

・道路斜線

A点は適用距離（20m）より内側にあるため，斜線（1.25／1）のみにより検討する。

1mの後退があるので，A点から道路斜線の起点までの水平距離は，

道路幅員＋後退距離×2＝6＋1×2＝8m

A点の道路斜線上の高さの限度

$\qquad$ ＝道路斜線の起点からの水平距離×道路斜線勾配

$\qquad$ ＝8×1.25／1＝10m

・隣地斜線

法第56条第1項より，

隣地斜線の立ち上がり高さは20m，

斜線勾配は1.25／1である。

建築物は隣地境界線より1mの後退があるので，隣地斜線の起点は隣地境界線の1m外側にあるとみなせる。

したがって，B点から隣地斜線の起点までの水平距離は，

隣地境界線までの後退距離×2＝1×2＝2m

B点の隣地斜線上の高さの限度

$\qquad$ ＝隣地斜線の起点からの水平距離×隣地斜線勾配

$\qquad$ ＝20＋2×1.25／1＝22.5m

A

B

C

D

E

F

G

H

133

HINT
法第 56 条第 1 項第三号
隣地との間に高低差がある場合：
令第 135 条の 4 第 1 項第二号

2　北側斜線

下図の敷地における建築物の A 点および B 点における**北側斜線制限上の高さの限度**を計算しなさい。

ただし，A 点側隣地，B 点側隣地ともに地盤面の高さは，当該（計画）敷地より 2 m 高いものとする。

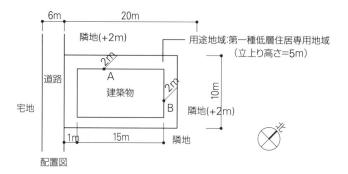

配置図

（解法）

法第 56 条第 1 項三号より，

北側斜線の立上り高さは 5 m，

斜線勾配は 1.25 ／ 1 である。

隣地の地盤面が 2 m 高いので，緩和規定が適用される。

（高低差－ 1 m）× 1 ／ 2 ＝（2 － 1）× 1 ／ 2 ＝ 0.5 m

A 点の北側斜線上の高さの限度

＝立上り高さ＋（真北方向隣地境界線までの水平距離× 1.25 ／ 1）

　　＋高低差の緩和

＝ 5 ＋（2 × 1.25 ／ 1）＋ 0.5 ＝ 8.0 m

B 点の北側斜線上の高さの限度は，真北方向の水平距離，隣地との高低差ともに A 点と同じであるため，A 点と同じ 8.0 m となる。

p.179 に解答あり

07 日影規制

日照は快適な住環境をつくるうえで重要であるが，これを目的として日照を阻害しないよう，建築物の大きさを規制している。

1. 日影規制とは (法第 56 条の 2)

日影規制は，周辺に落とす建物の日影の時間を規制し，周辺の建物が一定時間以上の日照を確保できるようにするもので，間接的に建物の高さや境界線からの距離を制限している。

2. 対象区域 (法第 56 条の 2，法別表第 4)

REFER
用途地域：☞ p.110

日影規制の対象地域は，地方の気候風土や土地利用の状況などにより，地方公共団体が定める。

第 1 種・第 2 種低層住居専用地域

第 1 種・第 2 種中高層住居専用地域

第 1 種・第 2 種住居地域

準住居地域

田園住居地域

近隣商業地域

準工業地域

用途地域の指定のない地域

において，地方公共団体が条例で指定した区域

3. 対象建築物 (法第 56 条の 2，法別表第 4)

REFER]
軒の高さ：☞ p.18

① 第 1 種・第 2 種低層住居専用地域，田園住居地域，用途地域の指定のない区域

REFER
建築物の高さ：☞ p.17

軒高が 7m を超える建築物，又は地階を除く階数が 3 以上の建築物が対象

② 第 1 種・第 2 種中高層住居専用地域，第 1 種・第 2 種住居地域，準住居地域，近隣商業地域，準工業地域，用途地域の指定のない地域

高さが 10 m を超える建築物が対象

③ 対象区域外にある高さ 10 m を超える建築物

建築物が対象区域外であっても，高さが 10 m を超えていれば，**対象区域内に日影が生じる場合は，日影規制の対象となる。**

④ 敷地内に 2 以上の建築物がある場合

同一敷地内に 2 以上の**建物**がある場合は，これらを**一つの建築物として適用する。**

A

B

C

D

E

F

G

H

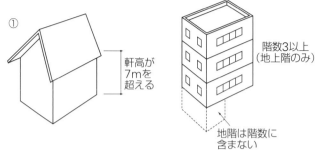

① 軒高が7mを超える

階数3以上（地上階のみ）

地階は階数に含まない

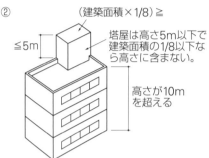

② （建築面積×1/8）≧

≦5m

塔屋は高さ5m以下で建築面積の1/8以下なら高さに含まない。

高さが10mを超える

REFER
法第56条の2第4項

③

冬至日の影が対象区域内に生じる場合は規制対象となる。

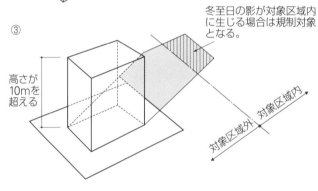

高さが10mを超える

対象区域外 対象区域内

図40　対象建物

4. 対象日と対象時間（法第56条の2, 法別表第4）

　冬至日の午前8時から午後4時まで（北海道にあっては午前9時から午後3時まで）に生じる日影が，周辺地に地方公共団体が定めた規制時間の限度以上生じてはならない。

POINT
　ここでいう時間は，日本標準時ではなく，真太陽時による時刻である。

5. 規制を受ける範囲と測定面（法第 56 条の 2，法別表第 4）

(1) 規制を受ける範囲

　敷地境界線から**5m を超え 10 m 以内の範囲**と，**10 m を超える範囲**の二つに分け，それぞれの範囲で用途地域と地方の状況に応じ，地盤面から一定高さの測定面に生じる日影が，規制の対象となる。

(2) 測定面

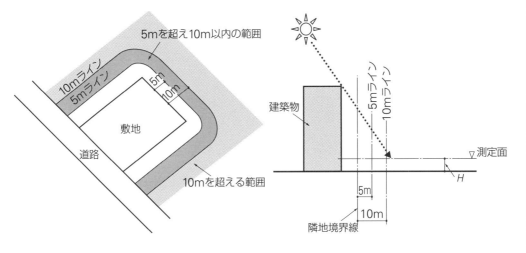

図 41　規制範囲と測定面

規制範囲と測定面（法別表第 4）

地域又は区域	制限を受ける建築物	平均地盤面からの高さ（※ 1）	日影時間	
			敷地境界線からの水平距離が 10m 以内の範囲（※ 2）	敷地境界線からの水平距離が 10m を超える範囲（※ 3）
第 1 種・第 2 種低層住居専用地域田園住居地域	軒の高さが 7m を超える建築物地階を除く階数が 3 以上の建築物	1.5m	3 時間4 時間5 時間	2 時間2.5 時間3 時間
第 1 種・第 2 種中高層住居専用地域	高さが 10m を超える建築物	4m6.5m	3 時間4 時間5 時間	2 時間2.5 時間3 時間
第 1 種・第 2 種住居地域，準住居地域，近隣商業地域，準工業地域	高さが 10m を超える建築物	4m6.5m	4 時間5 時間	2.5 時間3 時間
用途地域の指定のない区域	軒の高さが 7m を超える建築物地階を除く階数が 3 以上の建築物	1.5m	3 時間4 時間5 時間	2 時間2.5 時間3 時間
	高さが 10m を超える建築物	4m	3 時間4 時間5 時間	2 時間2.5 時間3 時間

※ 1～3　2 つ以上の値がある場合は，地方公共団体がその地方の気候及び風土，当該区域の土地利用の状況等を勘案して条例で指定するもの
※ 2　北海道の場合はそれぞれの時間より 1 時間減じた値
※ 3　北海道の場合はそれぞれの時間より 0.5 時間減じた値

6. 緩和規定（法第56条の2第3項，令第135条の12）

（1）道路等に接する場合

REFER
令第135条の12

敷地が道路・水面・線路敷などに接する場合は，これらの幅の1/2だけ外側に敷地境界線があるものとみなす。ただし，道路等の幅が10mを超える場合は，敷地境界線は，道路等の反対側の境界線から5m敷地側にあるものとみなす。

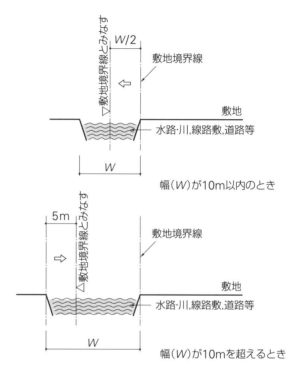

図42　道路等の緩和

（2）隣地の地盤面より低い場合

日影を生じさせる隣地より1m以上低い場合は，その高低差より1mを引いた値の1/2だけ高い位置にあるものとする。

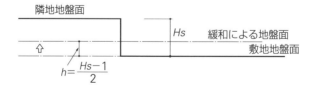

$$h = \frac{Hs-1}{2}$$

図43　高低差がある場合

防火・準防火地域

密集度の高い地域や人が多く集まる場所では，火災時に大きな火災につながるため，防火・準防火地域を定め防災上の観点から規制している。

1．防火地域と準防火地域（法第61条）

防火地域・準防火地域は，都市計画法により「**市街地における火災の危険を防除するために定める地域**」とあり，防火上の建築物の制限から，防火地域・準防火地域が定められている。

2．防火地域・準防火地域内の建築制限（令第136条の2）

（1）防火地域内

REFER
階数：☞ p.19
耐火建築物：☞ p.13
準耐火建築物：☞ p.13

階数	延べ面積	
	100m² 以下	100m² 超
階数（地階を含む）3以上	耐火建築物 延焼防止建築物	
階数（地階を含む）2以下	耐火建築物 準耐火建築物 準延焼防止建築物	

適用の除外

・門又は塀で高さ2m以下のもの

・高さ2mを超える門塀で防火地域内にある建築物に付属するものにあって一定の防火性能があるもの

（2）準防火地域内

POINT
延焼防止建築物，準延焼防止建築物：令第136条の2第1項第一号ロ，第二号ロで定められ，その仕様は告示194号に定められている。

階数	延べ面積		
	500m² 以下	500m² 超 1500m² 以下	1500m² 超
地上階数4以上	耐火建築物又は 延焼防止建築物		
地上階数3	耐火建築物又は 準耐火建築物又は 外壁・軒裏を防火構造，外壁開口部の延焼の恐れある部分を防火設備	耐火建築物又は 準耐火建築物又は 準延焼防止建築物	
地上階数2以下	制限なし，但し外壁の延焼の恐れがある部分を防火設備		

適用の除外

・門又は塀で高さ2m以下のもの

・準防火地域内にある木造建築物等以外に付属するもので一定の防火性能があるもの

3. 2以上の地域にわたる場合 (法第 67 条)

　建築物が 2 以上の地域にわたる場合は，制限の厳しいほうの地域の規定を適用する。

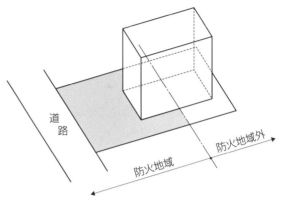

①建築物の一部が防火敷地内にある

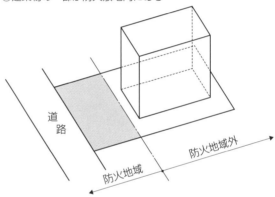

②敷地の一部が防火地域であるが建築物は防火地域外にある。

①の場合は，建築物のすべてが防火地域の規定が適用される。
（但し防火壁で区画されている時は，その部分は除外される。）

REFER
防火壁： ☞ p.47

図 44　防火・準防火地域の内外にわたる場合

演習問題　日影規制

1　日影規制

HINT
法第 56 条
法第 56 条の 2

建築物の高さの制限又は日影規制（日影による中高層の建築物の高さの制限）に関する次の記述のうち，建築基準法上，**誤っている**ものはどれか。ただし，用途地域以外の地域，地区等及び地形の特殊性に関する特定行政庁の定め等は考慮しないものとする。

(1) 第二種低層住居専用地域内においては，原則として，軒の高さが 7 m を超える建築物又は地階を除く階数が 3 以上の建築物について，日影規制を適用する。

(2) 日影規制において，同一の敷地内に 2 以上の建築物がある場合，これらの建築物を一の建築物とみなす。

(3) 日影規制において，建築物の敷地が幅員 10 m 以下の道路に接する場合，当該道路に接する敷地境界線は，当該道路の幅の 1/2 だけ外側にあるものとみなす。

(4) 第一種低層住居専用地域内における 10 m 又は 12 m の建築物の高さの限度については，天空率の計算を行うことにより，特定行政庁の許可又は認定を受けなくても，その高さの限度を超えることができる。

(5) 道路高さ制限においても，前面道路の反対側に公園がある場合，当該前面道路の反対側の境界線は，当該公園の反対側の境界線にあるものとみなす。

2　日影規制

HINT
法第 56 条
法第 56 条の 2

建築物の高さの制限又は日影規制（日影による中高層の建築物の高さの制限）に関する次の記述のうち，建築基準法上，**誤っている**ものはどれか。ただし，用途地域以外の地域，地区等及び地形の特殊性に関する特定行政庁の定め等は考慮しないものとする。

(1) 建築物の敷地の前面道路に沿って塀（前面道路の路面の中心からの高さが 1.3 m で，網状その他これに類する部分はないものとする。）が設けられている場合においては，前面道路の境界線から後退した建築物に対する道路高さ制限の緩和を適用することができない。

(2) 建築物の敷地の地盤面が隣地（建築物があるものとする。）の地盤面より 1.4 m 低い場合においては，その建築物の敷地の地盤面は，0.2 m 高い位置にあるものとみなして，隣地高さ制限を適応する。

(3) 用途地域の指定のない区域においては，地方公共団体の条例で指定する区域について，日影規制の対象区域とすることができるが，商業地域においては，日影規制の対象区域とすることができない。

(4) 建築物の敷地が幅員 10 m を超える道路に接する場合においては，当該道路の反対側の境界線から当該敷地の側に水平距離 5 m の線を敷地境界線とみなして，日影規制を適用する。

(5) 商業地域内において，隣地高さ制限によりその高さが制限される建築物について天空率を適用する場合，天空率を算定する位置は，隣地境界線からの水平距離が 16 m だけ外側の線上の位置とする。

p.179 に解答あり

G その他の関連法規

01　建築基準関係規定

確認申請や検査の際には，建築基準法施行令第9条などで規定されている法令やそれに基づく命令や条例の規定に適合することが求められる。

1．建築基準関係規定

　建築主事又は指定確認検査機関の確認審査や検査で，その対象となる法令の規定を建築基準関係規定という。この中には，建築基準法令の規定と建築基準法令以外の令第9条で定めた法令とがある。

建築基準法令以外の規定

法律名	条文	内容
①消防法	9条	火の使用に関する市町村条例への規定委任
	9条の2	住宅用防災機器の設置
	15条	映写室の構造設備
	17条	消防用設備等の設置，維持
②屋外広告物法	5条	広告物制限についての都道府県条例への委任
③港湾法	40条1項	臨港地区の分区内における建築物の規制
④高圧ガス保安法	24条	家庭用設備の設置
⑤ガス事業法	40条の4	ガス消費機器の設置
⑥駐車場法	20条	駐車施設の附置
⑦水道法	16条	給水装置の構造及び材質
⑧下水道法	10条1項	排水設備の設置
	10条3項	同政令事項
	30条1項	都市下水路に接続する特定排水施設の構造
⑨宅地造成規制法	8条1項	宅地造成に関する工事の許可
⑩流通業務市街地の整備に関する法律	5条1項	流通業務地区内の規制
⑪液化石油ガスの保安の確保及び取引の適正化に関する法律	38条の2～	供給設備又は消費設備の基準適合義務
⑫都市計画法	29条1項，2項3	開発許可
	35条の2，1項	変更の許可
	41条2項	建蔽率等の規準
	42条	開発区域内の建築制限
	43条1項	市街化調整区域内の建築制限
	53条1項	都市計画施設等の区域内の建築規制
⑬特定空港周辺航空機騒音対策特別措置法	5条1項～3項	航空機騒音障害防止地区等の建築制限等
⑭自転車の安全利用の促進及び自転車等の駐車対策の総合的推進に関する法律	5条4項	商業地域内等における自転車駐輪場の設置に関する条例
⑮浄化槽法	3条の2，1項	浄化槽による屎尿処理等
⑯特定都市河川浸水被害対策法	8条	建築物の浸水対策

02 建築関連法

二級建築士の法規の試験では，建築基準法以外に建築士法をはじめ都市計画法，消防法，宅地造成規制法，建設業法など広い範囲から出題される。すべてを覚えるのは難しいが，重要な事柄や数値だけは覚えておきたい。

1. 建築士法

建築士法は，建築物の設計，工事監理等を行う技術者の資格を定めて，その業務の適正をはかることを目的としている。

(1) 設計または工事監理の範囲（第3条〜第3条の3）

		L ≦ 30	30 < L ≦ 100	100 < L ≦ 300	300 < L ≦ 500	500 < L ≦ 1000 一般	500 < L ≦ 1000 特建	1000 < L 一般	1000 < L 特建
木造	平屋建	A	A	B	C			C	
	2階建								
	3階建								
	高さ>13m または軒高>9m								
木造以外	高さ≦13m かつ 軒高≦9m／平屋建 2階建	A							
	3階建以上		C			D			
	高さ>13m または軒高>9m								

L：延べ面積（㎡）
A：誰にでもできる
B：1級・2級または木造建築士でなければできない
C：1級・2級建築士でなければできない
D：1級建築士でなければできない
特建：特殊建築物（学校，病院，劇場，映画館，観覧場，公会堂，集会場，百貨店）

(2) 業 務

① 設計および設計監理（第18条）

工事監理を行う場合，工事が設計図書のとおりに実施されていないときは，**工事施工者に対してその旨を指摘**し，設計図書のとおりに実施するよう求め，これに従わないときは，**建築主に報告**しなければならない。

② 設計の変更（第19条）

他の建築士の設計した設計図書の一部を変更するときは，**設計した建築士の承諾**を求めなければならない。ただし，承諾を求めることのできない事由があるとき，又は**承諾が得られなかったときは，自己の責任**において変更することができる。

③ 業務に必要な表示行為（第20条）

建築士は，設計を行った場合（変更の場合も含む），その**設計図書に1級建築士，2級建築士又は木造建築士である旨の表示**をして記名及び押印をしなければならない。

建築士は，工事監理を終了したときは，その結果を**文書で建築主に報告**しなければならない。

④ 非建築士への名義貸しの禁止（第21条の2）

建築士でなければ設計または工事監理する要件を満たさないものに，建築士としての名義を利用させてはならない。

⑤ 定期講習（第22条の2）

3年以上5年以内において，登録講習機関が行う**講習**を受けなければならない。（法別表第2に講習内容が示されている）

(3) 建築士事務所

① 登録（第23条〜第23条の4）

建築士は，他人の求めに応じ報酬を得て，設計，工事監理等（手続きの代理を含む）を行おうとするときは，建築士事務所を定めて，**都道府県知事の登録**を受けなければならない。

② 建築士事務所の管理（第24条）＜管理建築士＞

建築士事務所を管理する**専任の建築士**を置かなければならない。

③ 名義貸しの禁止（第24条の2）

自己の名義で，他人に建築士事務所の業務を営ませてはならない。

④ 再委託の制限（第24条の3）

委託を受けた設計又は工事監理の業務を建築士事務所の開設者以外の者に委託してはならない。

延べ面積300㎡を超える建築物の場合は，委託を受けた設計又は工事監理の業務を，それぞれ一括して他の建築士事務所の開設者に委託してはならない。

⑤ 帳簿の備え付け等及び図書の保管（第24条の4）

建築士事務所の業務に関する事項を記載した**帳簿を備え付け**，これを**保存**しなければならない。

建築士事務所の業務に関する図書を保存しなければならない。

⑥ 標識の掲示（第24条の5）

公衆の見やすい場所に標識を掲げなければならない。

⑦ 書類の閲覧（第24条の6）

建築士事務所には，必要書類を備え置き，設計等を委託しようとする者の求めに応じ，閲覧させなければならない。

⑧ 重要事項の説明等（第24条の7）

設計又は工事監理の委託を受けることを内容とする契約を建築主と締結しようとするときは，建築主に対し，**設計受託契約**又は**工事監理受託契約**の内容及びその履行に関する事項について，これらの事項を記載した**書面を交付して説明**をしなければならない。

⑨　書面の交付（第24条の8）

設計受託契約又は工事監理受託契約を締結したときは，書面を委託者に交付しなければならない。

2．都市計画法

(1) 都市計画施設内の建築制限（都計法第53条〜第55条）

同区域内又は市街地開発事業の施行区域内において建築する場合は，知事の許可が必要。

- ・許可不要：都市計画事業として行う建築物，非常災害の応急措置，地上2階木造の改築・移転
- ・許可基準：地上2階建以下で，主要構造部が木造・鉄骨造・コンクリートブロック造

(2) 開発行為（都計法第29条〜第52条）

主として，建築物の建築又は特定工作物の建設のための土地の区画形質の変更をいう。都市計画区域・準都市計画区域内で開発行為をしようとする者は，知事・指定都市の長の許可が必要。

- ・許可不要：市街化区域－1000㎡未満，区域の指定がない－3000㎡未満，農・林・漁業のための建築物，これらの従事者の居住用の建築物

3．宅地造成等規制法

(1) 宅地とは

農地，採草放牧地，森林，公共用施設の用地以外の土地をいう。

(2) 宅地造成とは

宅地以外の土地を宅地にするための土地の形質の変更をいい，次のように定義される。

- ①　高さ2mを超える崖を生じる切土
- ②　高さ1mを超える崖を生じる盛土
- ③　切土と盛土による崖が2mを超えるもの
- ④　①〜③に該当しない切土・盛土であって，その面積が500㎡を超えるもの

4. 品確法（住宅の品質確保の促進等に関する法律）

品確法は，「**住宅性能表示制度**」「**住宅に係わる紛争処理体系**」「**瑕疵担保責任の特例**」からなる。

用語の定義

住　　宅：人の居住用の家屋又は家屋の部分。居住用以外の部分との共用部分は含まれる。

新築住宅：新たに建設された住宅で，まだ人の居住していないもの。ただし，**工事完了から1年を経過したものは除く。**

(1) 住宅性能表示制度

住宅の諸性能について，客観的な指標を用いた共通のルールを日本住宅性能表示を基準とし，国土交通大臣が定めるものとする。

評価を実施する第三者機関を，国土交通大臣が「登録住宅性能評価機関」として登録する。

新築住宅の場合は，設計住宅性能評価と建設住宅性能評価により，既存住宅の場合は，建設評価により，評価される。**評価住宅には，標章を付した評価書**が交付される。

(2) 住宅に係わる紛争処理体系

国土交通大臣は，住宅の性能に関する紛争処理を実施する機関として，単位弁護士会等を「**指定住宅紛争処理機関**」として指定する。

(3) 瑕疵担保責任の特例

すべての新築住宅の基本構造部分の瑕疵担保期間を引渡しから，**最低10年**とする。

注文者（又は買主）に不利となる期間の短縮の特約は無効，また，**最大20年まで延長**が可能。

対象となる部分：**構造耐力上主要な部分，雨水の浸入を防止する部分**がある。

5. 住宅瑕疵担保履行法
（特定住宅瑕疵担保責任の履行の確保等に関する法律）

新築住宅を供給する事業者に対して，瑕疵の補修等が確実に行われるよう，保険や供託を義務付け，また，当該保険にかかる紛争の処理について定めたものである。

(1) 用語の定義

住　　宅：品確法を準用

新築住宅：品確法を準用

特定住宅瑕疵担保責任：品確法を準用

POINT
新築住宅に関しては，「**住宅品質確保促進法**」で，民法上の瑕疵担保責任より重い10年間の特定住宅瑕疵担保責任が定められているが，売主等の倒産等により瑕疵担保責任が履行されない場合があるため，買主等の利益を保護し，円滑な住宅供給を図るために制定された。

(2) 住宅瑕疵担保保証金の供託等

① 新築住宅の建設（または販売）する建設業者（または宅地建物取引業者）に対し，**特定住宅建設瑕疵担保責任の履行を確保する目的で供託が義務付け**られている。

② 国土交通大臣が指定する住宅瑕疵担保責任保険法人との間で，瑕疵が判明した場合に保険金を支払うことを約した**保険契約を締結する。**

・住宅瑕疵担保保証金の供託等の届出等

建設業者（または宅地建物取引業者）が保証金の供託をした場合あるいは保険を締結した場合には，これを国土交通大臣もしくは都道府県知事に届出を行わなければならない。

・供託所の所在地等に関する説明等

工事の請負契約（または売買契約）を締結するまでに，瑕疵担保保証金を供託している供託書の所在地等を記載した書面を交付し説明しなければならない。

6．建設業法
(1) 建設業の許可

一つの都道府県内のみに営業所を持つ場合：都道府県知事の許可

二つ以上の都道府県に営業所を持つ場合：国土交通大臣の許可

(2) 請負契約

建設工事の請負契約にあたっては，必要事項を記載し，署名又は記名捺印をし，相互に交付する。

7．建設リサイクル法（建設工事に係わる資材の再資源化等に関する法律）

建設リサイクル法に定める特定建設資材には，「**コンクリート**」「**木材**」「**アスファルト・コンクリート**」「**コンクリート・鉄**」がある。

8．消防法

建築物の許可・確認をする権利のある特定行政庁・認定検査機関は，その許可等に際し，**消防長または消防署長の同意**を得なければならない。

9．民　法
(1) 距離の保存権

建物を建てる場合，**隣地境界線より 50 cm 以上離さなければならない。**

(2) 隣地の立入権

境界に塀や建物をつくるため又は修繕するために，**隣の敷地に立ち入ることはできる**（ただし，承諾が必要）。

(3) 観望施設の制限

境界より1m未満で他人の宅地を眺めることができるような窓や縁側をつくるときには，**目隠しを付けなければならない**。

10. バリアフリー法
（高齢者・障害者等の移動等の円滑化の促進に関する法律）

旧法の「交通バリアフリー法」と「ハートビル法」を統合し，交通施設・都市施設・建築物を対象とする。建築物に関しての規制は，基本的には旧法の「ハートビル法」の内容を引き継いでいる。

多数の者が利用する建築物（特定建築物），不特定かつ多数の者が利用し，又は主として高齢者・障害者等が利用する**特定建築物（特別特定建築物）の出入口・廊下・階段・便所，敷地内の通路，駐車場**など（建築物特定施設）を，円滑に利用できるようにするための判断基準が示されている。

(1) 努力義務

特定建築物を建築する者は，「**建築物移動等円滑化基準**」に適合させるように努めなければならない。

(2) 基準適合義務

2000㎡以上の特別特定建築物を建築する者は，「**建築物移動等円滑化基準**」に適合させなければならない。

又，**小規模特別特定建築物**に該当する場合も同様である。

POINT
小規模特別特定建築物に該当する場合の基準は緩和があり，施行令第25条に定められている。

11. 耐震改修法（建築物の耐震改修の促進に関する法律）

現行の耐震基準に適合しない建築物の耐震改修を進めるために制定された法律である。

(1) 所有者の努力義務

特定建築物の所有者は，その特定建築物について，耐震診断を行い，必要に応じて耐震改修を行うよう努めなければならない。

(2) 特定建築物とは

① 一定規模以上で多数の者が利用する建築物

・幼稚園・保育所：**階数が2以上かつ，床面積の合計が500㎡以上**のもの

・小学校等・老人ホーム等：**階数が2以上かつ，床面積の合計が1000㎡以上**のもの

・学校（幼稚園及び小学校等を除く），病院，劇場，観覧場，集会場，展

示場，百貨店，事務所等：**階数が 3 以上かつ，床面積の合計が 1000㎡以上のもの**

・体育館：床面積の合計が **1000㎡以上のもの**

② 危険物を取り扱う建築物

・火薬類，石油類などを一定数量以上の貯蔵場，処理場などの用途の建築物

③ 道路閉塞させる住宅・建築物

・道路幅員が 12 m を超える場合：**道路幅員の 1/2 の高さを超える建築物**

・道路幅員が 12 m 以下の場合：**高さ 6 m を超える建築物**

(3) 特定建築物の所有者に対する措置，助言，指示

所管行政庁は，特定建築物の耐震診断及び耐震改修の適切な実施を確保するために必要と認めるときは，**所有者に対して，指導及び助言**をすることができる。

(4) 認定申請

建築物の耐震改修をしようとする者は，**耐震改修計画を作成し，所管行政庁に申請**できる。

HINT
建築士法第 3 条
建築士法第 20 条の 2
建築士法第 21 条
建築士法第 22 条の 2
建築士法第 38 条

演習問題　建築士法・その他の法規

1　建築士法

二級建築士に関する次の記述のうち，建築士法上，**誤っているもの**はどれか。

(1) 一級建築士事務所に属する二級建築士は，3 年ごとに，登録講習機関が行う所定の二級建築士定期講習を受けなければならない。

(2) 一級建築士でなければ設計又は工事監理をしてはならない建築物の新築に係る設計をした二級建築士は，1 年以下の懲役又は 100 万円以下の罰金に処せられる。

(3) 二級建築士は，木造 3 階建，延べ面積 120㎡，高さ 12m，軒の高さ 10m の一戸建住宅の新築に係る設計をすることができる。

(4) 二級建築士は，構造計算によって建築物の安全性を確かめた場合においては，遅滞なく，その旨の証明書を設計の委託者に交付しなければならない。

(5) 二級建築士は，一級建築士でなければ設計又は工事監理をしてはならない建築物について，原則として，建築工事契約に関する事務の業務を行うことができる。

HINT
品確法　第 95 条
長期優良住宅の普及の促進に関する法律　第 5 条の 3，施工規則第 4 条

特定住宅瑕疵担保責任の履行の確保等に関する法律　第 2 条の 1，第 2 条の 5

2　品確法等

次の記述のうち，**誤っているもの**はどれか。

(1)「住宅の品質確保の促進等に関する法律」上，住宅新築請負契約又は新築住宅の売買契約においては，住宅の構造耐力上主要な部分等について，引き渡した時から 10 年間，所定の瑕疵担保責任を義務づけており，これに反する特約で注文者又は買主に不利なものは無効とされる。

(2)「長期優良住宅の普及の促進に関する法律」上，分譲事業者は，譲受人を決定するまでに相当の期間を要すると見込まれる場合において，当該譲受人の決定に先立って住宅の建築に関する工事に着手する必要があるときであっても，単独で長期優良住宅建築等計画を作成し，所管行政庁の認定を申請することはできない。

(3)「長期優良住宅の普及の促進に関する法律」上，長期優良住宅建築等計画の認定を受けようとする一戸建の専用住宅の規模は，少なくとも一の階の床面積 (階段部分の面積を除く。) が 40 ㎡以上であり，原則として，床面積の合計が 75 ㎡以上でなければならない。

(4)「特定住宅瑕疵担保責任の履行の確保等に関する法律」上，住宅販売瑕疵担保責任保険契約は，国土交通大臣の承認を受けた場合，変更又は解除をすることができる。

(5)「特定住宅瑕疵担保責任の履行の確保等に関する法律」上，「新築住宅」とは，新たに建設された住宅で，まだ人の居住の用に供したことのないもの (建設工事の完了の日から起算して 1 年を経過したものを除く。) をいう。

HINT
消防法施行令　第 5 条の 7
高齢者，障害者等の移動等の円滑化の促進に関する法律　第 14 条，政令第 9 条

建築物の耐震改修の促進に関する法律　第 2 条

建設工事に係る資材の再資源化等に関する法律第 10 条

都市の低炭素化の促進に関する法律　第 53 条

3　消防法，バリアフリー法等

次の記述のうち，**誤っているもの**はどれか。

(1)「消防法」上，住宅用防災機器の設置及び維持に関する条例の制定に関する基準においては，就寝の用に供する居室及び当該居室が存する階 (避難階を除く。) から直下階に通ずる屋内階段等に，原則として，住宅用防災警報器又は住宅用防災報知設備の感知器を設置し，及び維持しなければならない。

(2)「高齢者，障害者等の移動等の円滑化の促進に関する法律」上，建築主等は，床面積 50 ㎡以上の公衆便所を建築しようとするときは，建築物移動等円滑化基準に適合させなければならない。

(3)「建築物の耐震改修の促進に関する法律」上，耐震改修には，地震に対する安全性の向上を目的とした敷地の整備は含まれない。

(4)「建設工事に係る資材の再資源化等に関する法律」上，特定建設資材を用いた建築物に係る解体工事で当該工事に係る部分の床面積の合計が 80 ㎡以上であるものの発注者又は自主施工者は，工事に着手する日の 7 日前までに，所定の事項を都道府県知事に届け出なければならない。

(5)「都市の低炭素化の促進に関する法律」上，低炭素化のための建築物の新築等に関する計画には，低炭素化のための建築物の新築等に係る資金計画を記載しなければならない。

p.179 に解答あり

H 建築法規の実際

01 モデルプランによる 法チェック

実際の設計では，具体的な建物に基づいて，どんな規制がされるかあらゆる角度から法の検討を行わなければならない。あらかじめ、用途や規模に応じた適用されうる法は，ある程度知っておく必要がある。

1 図に示す建物について，以下の内容について建築基準法上の検討を行いなさい。

検討内容

(1) 建蔽率，容積率の計算

(2) 2階平面図および立面図に示すA点における道路斜線の検討

　（ただし，道路の反対側の敷地は宅地とする。）

(3) 1階台所の採光の検討

(4) 各階の耐力壁の地震力及び風圧力に対する検討

条件

・用途地域：第一種住居地域

・都市計画により定められた建蔽率 / 容積率：60% /200%

・敷地内の地盤の高さは平坦とし，道路との高低差はないものとする。

・屋根葺き材：化粧スレート葺き

・耐力壁は筋かい（30×90シングル）とし，筋交いのある壁の柱間隔は910または1820とする。

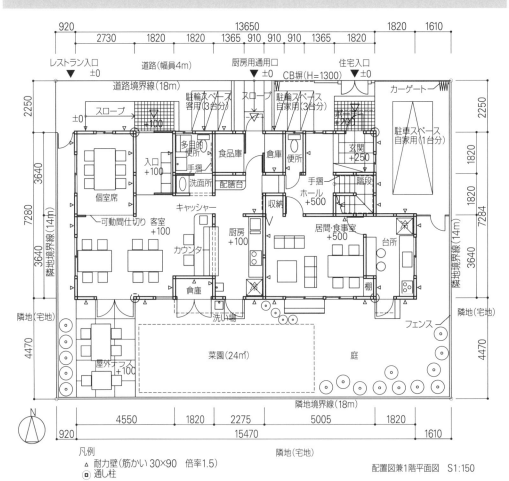

凡例
△ 耐力壁(筋かい 30×90 倍率1.5)
◉ 通し柱

配置図兼1階平面図　S1:150

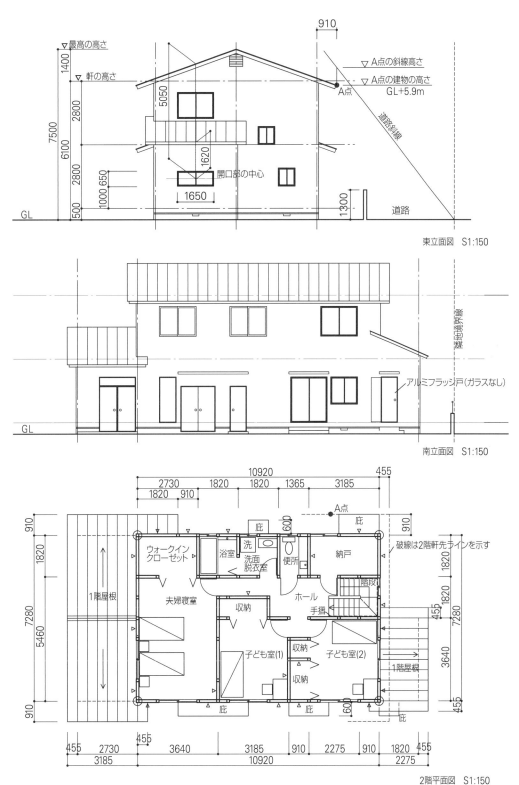

東立面図　S1:150

南立面図　S1:150

2階平面図　S1:150

※ 本図面は平成25年二級建築士製図試験（レストラン併用住宅）の公益財団法人 建築技術教育普及センターによる標準解答例を一部修正した
ものである。

（1）建蔽率・容積率の算定

- 敷地面積＝ 18.0 × 14.0 ＝ 252.0㎡
- 1 階床面積

  13.65 × 7.28 ＋ 1.82 × 3.64 ＝ 105.9968 → 105.99㎡
- 2 階床面積

  10.92 × 7.28 ＝ 79.4976 → 79.49㎡
- 延べ面積

  1 階床面積＋ 2 階床面積＝ 185.48㎡
- 建築面積

  2 階より 1 階が大きく（かつ 1 階よりはね出している 2 階部分もない）、またバルコニー、庇等で 1 m 以上はね出している部分もないので、建築面積＝ 1 階床面積となる。

  よって　105.99㎡
- 建蔽率

  建築面積／敷地面積＝ 105.99 ／ 252.0 ＝ 0.42059

  判定：42.05％ ＜ 60％　　∴　OK
- 容積率

  延べ面積／敷地面積＝ 185.48 ／ 252.0 ＝ 0.73603

  判定：73.60％ ＜ 200％　　∴　OK

（2）道路斜線制限の検討

> **手順**
> 平面図・立面図で示された位置における道路斜線の高さを算定し，A 点における建物高さと比較し，斜線高さが上にあるか否かをチェックする。

- A 点における道路斜線の高さ

道路斜線制限の勾配：第 1 種住居地域であるから 1/1.25 である。

緩　和：道路の反対側に水路，公園等はなく，道路と敷地との間の高低差もないため，それらの緩和の適用はない。また、道路に面し高さ 1.2 m を超える CB 塀があるのでセットバックの緩和も適用されない。

これより、A 点から道路の反対側までの水平距離と斜線勾配から求められる。

A 点から道路斜線起点までの水平距離

　＝ 4.0+2.25-0.91 ＝ 5.34 m

A 点における道路斜線高さ＝ 5.34 × 1.25 ＝ 6.675 －①

A 点における建物高さ＝ 5.90 －②

判定：① ＞ ②　　∴　OK

（この事例では、①－②＝ 0.775 となるので、775 mm のクリアランスがあることになる。一般にクリアランスは 50 ～ 150 mm 程度は必要。また、厳密には軒樋がある場合は軒樋も考慮に入れなければならない。）

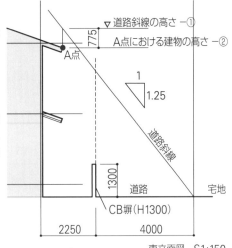

東立面図　S1:150

（3）1階台所の採光の検討

手順
①該当居室の床面積の算定
②採光関係比率の算定
③採光補正係数の算定
④有効採光面積の算定
⑤有効採光面積が規定割合以上化を判定

① 床面積の算定

$1.82 \times 3.64 + 0.455 \times 2.73 = 7.86 \, \text{㎡}$

② 採光関係比率の算定

1階の屋根，2階の屋根の両方の採光関係比率（D/H）を計算し，値の小さい方を採用する。

1階屋根
$D_1/H_1 = 1.155/1.62 = 0.713$ ─①
2階屋根
$D_2/H_2 = 2.975/5.05 = 0.589$ ─②
①＞② であるので，②の0.589を採用する。

③ 採光補正係数の算定

採光関係比率 $\times 6 - 1.4 = 0.589 \times 6 - 1.4$
$= 2.134 \rightarrow 2.13$

④ 有効採光面積の算定

採光に有効な開口部の面積 $= 1.65 \times 0.6 = 0.99 \, \text{㎡}$
有効採光面積＝開口面積×採光補正係数
$= 0.99 \times 2.13 = 2.10 \, \text{㎡}$

⑤ 判 定

有効採光面積 ≧ 床面積× 1/7
であるか否かをチェックする。
$2.1 \, \text{㎡} \geqq 7.86 \, \text{㎡} \times 1/7 = 1.12 \, \text{㎡}$ ∴ OK

※採光に有効な開口部が複数ある場合は，開口部ごとに上記手順②～④を行い，それぞれの有効採光面積を合算し，その値をもって判定を行う。

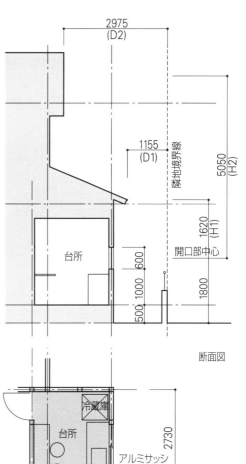

断面図

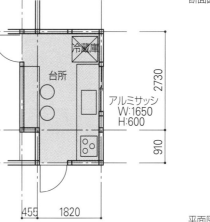

平面図

（4）耐力壁の検討

手順
①風圧力に対する検討用の見付け面積計算
②必要壁量（地震力に対して）の算定
③必要壁量（風圧力に対して）の算定
④有効壁量の算定
⑤必要壁量と有効壁量を比べ判定

①　見付け面積の算定

階ごと，けた行・張り間方向ごとに算定するが，各階の FL より 1.35 m 上の部分の見付け面積とする。

2 階　けた行方向　$10.92 \times 2.85 + (0.455 \times 1.6) \times 2 = 32.578\,㎡$

　　　　張り間方向　$7.28 \times 1.6 + 7.28 \times 1.25 \times 1/2 = 16.198\,㎡$

1 階　けた行方向　（2 階けた行）$32.578 + (13.65 \times 2.8) + (0.455 \times 1.6) + (1.82 \times 1.6)$

　　　　　　$+ (1.82 \times 0.65 \times 1/2) = 75.03\,㎡$

　　　　張り間方向　（2 階張り間）$16.198 + 7.28 \times 2.8 + 0.455 \times 0.95 = 37.014\,㎡$

②　必要壁量の算定（地震力に対して）

（スレート葺きなので，表 2 の軽い屋根の値を採用　2 階：15　1 階：29）

2 階　床面積$\times 15 = 79.49\,㎡ \times 15 = 1192.35\,cm$

1 階　床面積$\times 29 = 105.99\,㎡ \times 29 = 3073.71\,cm$

③　必要壁量の算定（風圧力に対して）

風圧力に対して（それぞれ，見付け面積$\times 50$（表 3 の一般の区域）で算定する）

2 階　けた行方向に対して $16.198 \times 50 = 809.9\,cm$

　　　　張り間方向に対して $32.578 \times 50 = 1628.9\,cm$

1 階　けた行方向に対して $37.014 \times 50 = 1850.7\,cm$

　　　　張り間方向に対して $75.03 \times 50 = 3751.5\,cm$

必要壁量（cm）

階	地震力に対して		風圧力に対して		必要壁量	
	けた行方向	張り間方向	けた行方向	張り間方向	けた行方向	張り間方向
2 階	1192.35		809.9	1628.9	1192.35	1628.9
1 階	3073.71		1850.7	3751.5	3073.71	3751.5

※ 必要壁量は，階ごとに，けた行・はり間の各方向ごとに，地震に対しての数値と風圧力に対しての数値を比べ，より大きな数値を採用する

④有効壁量の算定

	有効壁量	
	けた行方向	張り間方向
2 階	$91 \times 8 + 182 \times 3 = 1274$ 1274×1.5（倍率）$= 1911.0$	$91 \times 6 + 182 \times 5 = 1456$ 1456×1.5（倍率）$= 2184.0$
1 階	$91 \times 16 + 182 \times 1 = 1638.0$ 1638×1.5（倍率）$= 2457.0$	$91 \times 14 + 182 \times 7 = 2548.0$ 2548×1.5（倍率）$= 3822.0$

⑤判定

	必要壁量		有効壁量		判定	
	けた行方向	張り間方向	けた行方向	張り間方向	けた行方向	張り間方向
2 階	1192.35	1628.9	1911.0	2184.5	OK	OK
1 階	3073.71	3751.5	2457.0	3822.0	**NG**	OK

左記の検討結果では，1階のけた行方向の壁量が不足しているので，次のいずれかの方法を講ずる必要がある。

① 一部を壁倍率の高い耐力壁とする。

② 同仕様の壁倍率の耐力壁を増やす。→（3073.71-2457.0）÷ 1.5 = 411.14cm 以上増やす。

※耐力壁の検討には，つり合いよく配置されているか否かを検討する必要があるが，ここでは省略している。（壁量充足比，壁率比の算定を行い検討する。）施行令第 46 条，H12 建告 1352 号

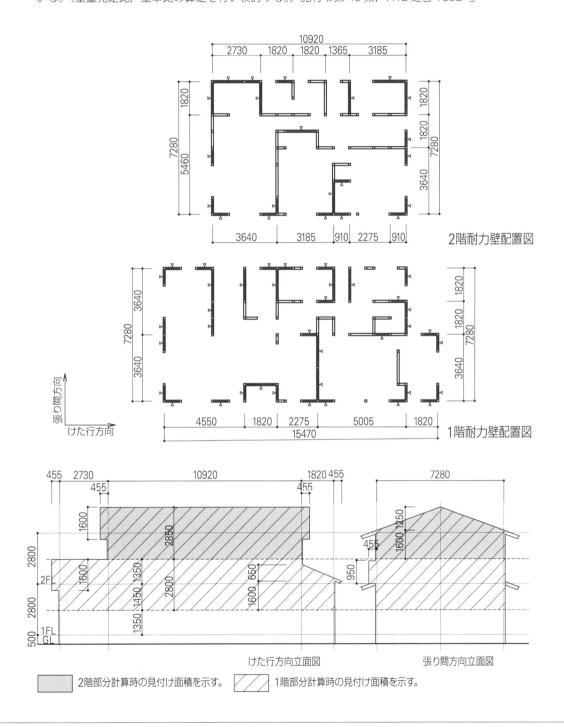

2階耐力壁配置図

1階耐力壁配置図

けた行方向立面図

張り間方向立面図

◻ 2階部分計算時の見付け面積を示す。　▨ 1階部分計算時の見付け面積を示す。

02 二級建築士 学科Ⅱ 法規の問題

二級建築士学科試験の実際の問題を解くことで，試験ではどんな形式で出題されるのか，また難易度を知ることができる。

1. 二級建築士法規の学習法

　法規は法令集の持ち込みが可能で，法令集を見ながら答えてよいことになっている。しかし，すべての設問に対して，法令集で確認しながら解くのでは時間が掛かってしまい効率がよくない。過去の問題を分析すると，比較的よく出る問題も多いので，これらについては法令集を見なくても答えられるようにしておきたい。

　試験に持ち込む法令集は試験直前に購入するのではなく，新たに購入する場合は早い段階で購入し，練習段階から使いこなしておかないとまごつくことになる。使いこなされた法令集の方が検索する速度は圧倒的に速いし，正確になる。

　出題頻度の高いところは，出来る限り数値なども暗記し，出題頻度の低いところは何条を見ればわかるという具合に覚えておくとよい。

　建築基準法以外については，例年範囲が広い割りに問題数は少ないので，無理して覚えず，重要と思われるポイントのみの学習にとどめ，この部分に掛ける時間があれば他の出題頻度が高い，あるいは問題数の多いところを優先させ，それでも時間が余れば学習するくらいのつもりでよいだろう。

2. 過去問題の傾向

　過去の問題の傾向分析により，出題頻度と学習のしやすさから次のように考えられる。
（1）出題頻度が高く学習しやすい
　　用途地域，建蔽率，容積率
（2）出題頻度は高いが，範囲が広く学習しにくい
　　建築士法
（3）出題頻度は低く範囲も広い
　　建築基準法以外の関連法

　ここ数年の傾向では，単体規定と集団規定からほぼ80％出題されている。集団規定はこのうち約半分の40％程度出題されているが，出題形式がパターン化されているものが多く，学習しやすい。

3．過去問題

以下に実際の二級建築士の過去問題（令和元年度問題）を掲げるので，挑戦してみよう。
最初の注意事項も，試験問題と同じ内容である。

学科Ⅱ（建築法規）

次の注意事項及び答案用紙の注意事項をよく読んでから始めて下さい。

〔注意事項〕

1．この問題集は，学科Ⅰ（建築計画）及び学科Ⅱ（建築法規）で一冊になっています。

2．この問題集は，表紙を含めて 14 枚になっています。

3．この問題集は，計算等に使用しても差しつかえありません。

4．問題は，全て五枝択一式です。

5．解答は，各問題とも一つだけ答案用紙の解答欄に所定の要領ではっきりとマークして下さい。

6．解答に当たり，適用すべき法令については，平成 31 年 1 月 1 日現在において施行されているものとします。

7．解答に当たり，地方公共団体の条例については，考慮しないことにします。

8．この問題集については，試験終了まで試験室に在室した者に限り，持ち帰りを認めます（中途退出者については，持ち帰りを禁止します）。

〔No. 1〕用語に関する次の記述のうち，建築基準法上，**誤っている**ものはどれか。

1．建築物の周囲において発生する通常の火災による延焼の抑制に一定の効果を発揮するために外壁に必要とされる性能を，「防火性能」という。

2．建築物の自重及び積載荷重を支える最下階の床版は，「構造耐力上主要な部分」である。

3．建築物の床が地盤面下にある階で，床面から地盤面までの高さがその階の天井の高さの 1/2 のものは，「地階」である。

4．建築物に関する工事の請負契約の注文者又は請負契約によらないで自らその工事をする者は，「建築主」である。

5．原則として，地盤面から建築物の小屋組又はこれに代わる横架材を支持する壁，敷桁又は柱の上端までの高さを，「軒の高さ」という。

〔No. 2〕次の行為のうち，建築基準法上，**全国どの場所においても，確認済証の交付を受ける必要がある**ものはどれか。

1．鉄筋コンクリート造，高さ 4m の記念塔の築造

2．木造 2 階建て，延べ面積 100m²，高さ 9m の集会場の新築

3．木造 2 階建て，延べ面積 200m²，高さ 8m の一戸建て住宅の新築

4．鉄骨造 2 階建て，延べ面積 90m² の一戸建て住宅の大規模の修繕

5．鉄骨造 3 階建て，延べ面積 300m² の倉庫における床面積 10m² の増築

A

B

C

D

E

F

G

H

〔Ｎｏ．3〕イ～ニの記述について，建築基準法上，**正しいもののみの組合せ**は，次のうちどれか。

イ．建築基準法第6条第1項の規定による確認の申請書に添える付近見取図には，方位，道路及び目標となる地物を明示しなければならない。

ロ．消防法に基づく住宅用防災機器の設置の規定については，建築基準関係規定に該当し，建築主事又は指定確認検査機関による確認審査等の対象となる。

ハ．建築主は，階数が3以上である鉄筋コンクリート造の共同住宅を新築する場合，2階の床及びこれを支持する梁に鉄筋を配置する工程に係る工事を終えたときは，特定行政庁の中間検査を申請しなければならない。

ニ．指定確認検査機関は，建築物に関する完了検査の引受けを工事完了日の前に行ったときは，当該検査の引受けを行った日から7日以内に，当該検査をしなければならない。

1．イとロ
2．イとハ
3．イとニ
4．ロとハ
5．ハとニ

〔Ｎｏ．4〕木造2階建て，延べ面積120m^{2}の一戸建て住宅の計画に関する次の記述のうち，建築基準法に**適合しない**ものはどれか。

1．発熱量の合計が10kWの火を使用する器具（「密閉式燃焼器具等又は煙突を設けた器具」ではない。）のみを設けた調理室（床面積8m^2）に，1m^{2}の有効開口面積を有する開口部を換気上有効に設けたので，換気設備を設けなかった。

2．階段（直階段）の蹴上げの寸法を23cm，踏面の寸法を15cmとした。

3．高さ1m以下の階段の部分には，手すりを設けなかった。

4．1階の居室の床下をコンクリートで覆ったので，床の高さを，直下の地面からその床の上面まで40cmとした。

5．下水道法第2条第八号に規定する処理区域内であったので，便所については，水洗便所とし，その汚水管を下水道法第2条第三号に規定する公共下水道に連結した。

〔Ｎｏ．5〕図のような平面を有する集会場（床面積の合計は42m^2，天井の高さは全て2.5mとする。）の新築において，集会室に機械換気設備を設けるに当たり，ホルムアルデヒドに関する技術的基準による必要有効換気量として，建築基準法上，**正しいもの**は，次のうちどれか。ただし，常時開放された開口部は図中に示されているもののみとし，居室については，国土交通大臣が定めた構造方法は用いないものとする。

1．19.5m^3/時
2．27.0m^3/時
3．28.5m^3/時
4．30.0m^3/時
5．31.5m^3/時

（注）←→は，常時開放された開口部を示す。

〔No. 6〕木造平家建て，延べ面積 150m² の一戸建て住宅における構造耐力上主要な部分の構造強度に関する次の記述のうち，建築基準法上，**誤っている**ものはどれか。ただし，構造計算等による安全性の確認は行わないものとする。

1．圧縮力を負担する筋かいは，厚さ 1.5cm 以上で幅 9cm 以上の木材を使用したものとしなければならない。
2．柱，筋かい及び土台のうち，地面から 1m 以内の部分には，有効な防腐措置を講ずるとともに，必要に応じて，しろありその他の虫による害を防ぐための措置を講じなければならない。
3．張り間方向及び桁行方向に配置する壁を設け又は筋かいを入れた軸組の長さの合計は，原則として，それぞれの方向につき，床面積及び見付面積をもとに求めた所定の数値以上としなければならない。
4．基礎に木ぐいを使用する場合においては，その木ぐいは，常水面下にあるようにしなくてもよい。
5．土台は，基礎に緊結しなければならない。

〔No. 7〕屋根を金属板で葺き，壁を金属サイディング張りとした木造 3 階建て，延べ面積 180m² の一戸建て住宅において，横架材の相互間の垂直距離が 1 階にあっては 3.3m，2 階にあっては 3.2m，3 階にあっては 2.5m である場合，建築基準法上，1 階，2 階及び 3 階の構造耐力上主要な部分である柱の張り間方向及び桁行方向の小径の**必要寸法を満たす最小の数値の組合せ**は，次のうちどれか。ただし，張り間方向及び桁行方向の柱の相互の間隔は 10m 未満とする。また，柱の小径に係る所定の構造計算は考慮しないものとする。

	1 階の柱の小径	2 階の柱の小径	3 階の柱の小径
1.	12.0cm	10.5cm	10.5cm
2.	12.0cm	12.0cm	10.5cm
3.	12.0cm	12.0cm	12.0cm
4.	13.5cm	12.0cm	10.5cm
5.	13.5cm	13.5cm	12.0cm

〔No. 8〕構造強度に関する次の記述のうち，建築基準法上，**誤っている**ものはどれか。ただし，構造計算等による安全性の確認は行わないものとする。

1．補強コンクリートブロック造の塀の壁内に配置する鉄筋の縦筋をその径の 40 倍以上基礎に定着させる場合，縦筋の末端は，基礎の横筋にかぎ掛けしなくてもよい。
2．補強コンクリートブロック造，高さ 1.4m の塀において，基礎の丈は，35cm 以上とし，根入れの深さは 30cm 以上としなければならない。
3．鉄筋コンクリート造，延べ面積 200m² の建築物において，柱の出隅部分に異形鉄筋を使用する場合であっても，その末端を折り曲げなければならない。
4．鉄骨造の建築物において，構造耐力上主要な部分である鋼材の接合は，接合される鋼材がステンレス鋼であるときは，リベット接合とすることができる。
5．固結した砂の短期に生ずる力に対する地盤の許容応力度は，国土交通大臣が定める方法による地盤調査を行わない場合，1,000kN/m² とすることができる。

〔No．9〕次の建築物（各階を当該用途に供するものとする。）のうち，**建築基準法第 27 条の規定による耐火建築物等としなければならない**ものはどれか。ただし，防火地域及び準防火地域外にあるものとする。

1．2 階建ての飲食店で，各階の床面積の合計がそれぞれ 250m² のもの
2．2 階建ての児童福祉施設で，各階の床面積の合計がそれぞれ 150m² のもの
3．2 階建ての倉庫で，各階の床面積の合計がそれぞれ 100m² のもの
4．平家建ての患者の収容施設がある診療所で，床面積の合計が 300m² のもの
5．平家建ての自動車車庫で，床面積の合計が 200m² のもの

〔No．10〕次の 2 階建ての建築物（各階を当該用途に供するものとし，避難階は 1 階とする。）のうち，建築基準法上，**2 以上の直通階段を設けなければならない**ものはどれか。

1．共同住宅（主要構造部が不燃材料で造られているものとする。）で，2 階の居室の床面積の合計が 150m² のもの
2．診療所（主要構造部が不燃材料で造られているものとする。）で，2 階の病室の床面積の合計が 100m² のもの
3．事務所（主要構造部が準耐火構造でなく，かつ不燃材料で造られていないものとする。）で，各階の床面積の合計がそれぞれ 180m² のもの
4．飲食店（主要構造部が準耐火構造でなく，かつ不燃材料で造られていないものとする。）で，2 階の居室の床面積の合計が 150m² のもの
5．寄宿舎（主要構造部が準耐火構造でなく，かつ不燃材料で造られていないものとする。）で，2 階の寝室の床面積の合計が 120m² のもの

〔No．11〕次の建築物のうち，その構造及び床面積に関係なく建築基準法第 35 条の 2 の規定による**内装の制限を受ける**ものはどれか。ただし，自動式の消火設備及び排煙設備は設けられていないものとする。

1．病院
2．学校
3．物品販売業を営む店舗
4．自動車修理工場
5．観覧場

〔No．12〕都市計画区域内における道路等に関する次の記述のうち，建築基準法上，**誤っている**ものはどれか。

1．地区計画の区域外において，自転車歩行者専用道路となっている幅員 5m の道路法による道路にのみ 10m 接している敷地には，建築物を建築することができない。
2．地区計画の区域内において，建築基準法第 68 条の 7 第 1 項の規定により特定行政庁が指定した予定道路内には，敷地を造成するための擁壁を突き出して築造することができない。
3．地方公共団体は，特殊建築物等の用途，規模又は位置の特殊性により，避難又は通行の安全の目的を十分に達成することが困難であると認めるときは，条例で，その敷地が接しなければならない道路の幅員等に関して必要な制限を付加することができる。

4．土地区画整理法による新設の事業計画のある幅員 6m の道路で，3 年後にその事業が執行される予定のものは，建築基準法上の道路に該当しない。

5．高さ 2m を超える門又は塀は，特定行政庁が指定した壁面線を越えて建築してはならない。

〔No．13〕建築物の用途の制限に関する次の記述のうち，建築基準法上，**誤っている**ものはどれか。ただし，特定行政庁の許可は受けないものとし，用途地域以外の地域，地区等は考慮しないものとする。

1．第一種低層住居専用地域内において，2 階建て，延べ面積 150m² の喫茶店兼用住宅（居住の用途に供する部分の床面積が 100m²）は，新築することができる。

2．第二種低層住居専用地域内において，2 階建て，延べ面積 200m² の学習塾は，新築することができる。

3．第二種中高層住居専用地域内において，平家建て，延べ面積 200m² の自家用の倉庫は，新築することができる。

4．田園住居地域内において，2 階建て，延べ面積 300m² の当該地域で生産された農産物の販売を主たる目的とする店舗は，新築することができる。

5．工業地域内において，2 階建て，延べ面積 300m² の寄宿舎は，新築することができる。

〔No．14〕図のような敷地及び建築物（2 階建て，延べ面積 600m²）の配置において，建築基準法上，**新築してはならない建築物**は，次のうちどれか。ただし，特定行政庁の許可は受けないものとし，用途地域以外の地域，地区等は考慮しないものとする。

1．老人福祉センター
2．ホテル
3．銀行の支店
4．ゴルフ練習場
5．ぱちんこ屋

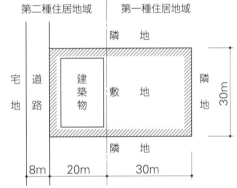

〔No．15〕都市計画区域内における建築物の建蔽率又は延べ面積（建築基準法第 52 条第 1 項に規定する容積率の算定の基礎となる延べ面積）に関する次の記述のうち，建築基準法上，**誤っている**ものはどれか。ただし，用途地域及び防火地域以外の地域，地区等並びに特定行政庁の指定・許可等は考慮しないものとする。

1．商業地域内で，かつ，防火地域内にある耐火建築物は，建蔽率の制限を受けない。

2．準工業地域（都市計画で定められた建蔽率は 6/10）内，かつ，防火地域内で，角地の指定のない敷地において，耐火建築物を建築する場合の建蔽率の最高限度は 7/10 である。

3．老人ホーム等の共用の廊下又は階段の用に供する部分の床面積は，延べ面積に算入しない。

4．床に据え付ける蓄電池を設ける部分の床面積は，当該建築物の各階の床面積の合計の 1/50 を限度として，延べ面積に算入しない。

5．宅配ボックスを設ける部分の床面積は，当該建築物の各階の床面積の合計の 1/50 を限度として，延べ面積に算入しない。

〔No. 16〕図のような事務所を併用した一戸建て住宅を新築する場合，建築基準法上，**容積率の算定の基礎となる延べ面積**は，次のうちどれか。ただし，自動車車庫等の用途に供する部分はないものとし，地域，地区等及び特定行政庁の指定等は考慮しないものとする。

1．180m²
2．240m²
3．250m²
4．270m²
5．300m²

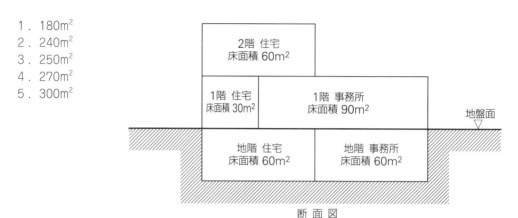

断　面　図

〔No. 17〕図のような敷地において，建築物を新築する場合，建築基準法上，A点における**地盤面からの建築物の高さの最高限度**は，次のうちどれか。ただし，敷地は平坦で，敷地，隣地，道路及び道の相互間の高低差並びに門及び塀はなく，また，図に記載されているものを除き，地域，地区等及び特定行政庁の指定・許可等はないものとし，日影規制（日影による中高層の建築物の高さの制限）及び天空率は考慮しないものとする。なお，建築物は，全ての部分において，高さの最高限度まで建築されるものとする。

1．12.5m
2．15.0m
3．20.0m
4．22.5m
5．25.0m

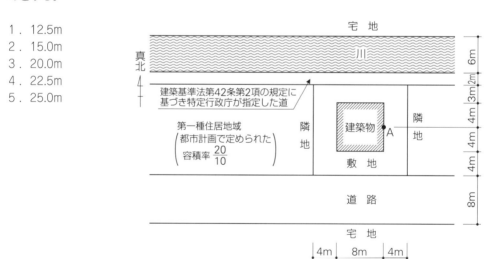

〔No. 18〕建築物の高さの制限又は日影規制（日影による中高層の建築物の高さの制限）に関する次の記述のうち，建築基準法上，**誤っている**ものはどれか。ただし，用途地域以外の地域，地区等及び地形の特殊性に関する特定行政庁の定め等は考慮しないものとする。

1．道路高さ制限において，建築物の敷地の地盤面が前面道路より1m以上高い場合においては，その前面道路は，敷地の地盤面と前面道路との高低差から1mを減じたものの1/2だけ高い位置にあるものとみなす。
2．第一種低層住居専用地域内における10m又は12mの建築物の高さの限度については，天空率の計算を行うことにより，特定行政庁の許可又は認定を受けなくても，その高さの限度を超えることができる。
3．第一種低層住居専用地域内のうち，日影規制の対象区域内においては，北側高さ制限が適用される。
4．第一種中高層住居専用地域内のうち，日影規制の対象区域内においては，北側高さ制限は適用されない。
5．商業地域内にある高さが10mを超える建築物が，冬至日において，隣接する第一種住居地域内の土地に日影を生じさせる場合は，当該建築物が第一種住居地域内にあるものとみなして，日影規制を適用する。

〔No. 19〕次の記述のうち，建築基準法上，**誤っている**ものはどれか。ただし，地階及び防火壁はないものとし，防火地域及び準防火地域以外の地域，地区等は考慮しないものとする。

1．準防火地域内の建築物で，外壁が準耐火構造のものは，その外壁を隣地境界線に接して設けることができる。
2．準防火地域内の建築物で，3階をテレビスタジオの用途に供するものを新築する場合は，耐火建築物としなければならない。
3．防火地域内において建築物を新築する場合，屋根の構造は，市街地における通常の火災による火の粉により，防火上有害な発炎をしないもの及び屋内に達する防火上有害な溶融，亀裂その他の損傷を生じないものとしなければならない。
4．防火地域内の高さ2mの看板で，建築物の屋上に設けるものは，その主要な部分を不燃材料で造り，又は覆わなければならない。
5．建築物が防火地域及び準防火地域にわたる場合においては，その全部について防火地域内の建築物に関する規定が適用される。

〔No. 20〕次の記述のうち，建築基準法上，**正しい**ものはどれか。

1．延べ面積250m²の物品販売業を営む店舗を患者の収容施設がある診療所に用途を変更する場合においては，確認済証の交付を受ける必要はない。
2．高さ2.2mの擁壁を築造する場合においては，建築基準法第20条の規定は準用されない。
3．工事を施工するために現場に設ける事務所を建築しようとする場合においては，確認済証の交付を受ける必要がある。
4．木造2階建て，延べ面積150m²，高さ7mの既存の一戸建て住宅に，増築を行わずにエレベーターを設ける場合においては，確認済証の交付を受ける必要はない。
5．特定行政庁は，国際的な規模の会議の用に供することにより1年を超えて使用する特別の必要がある仮設興行場等について，安全上，防火上及び衛生上支障がなく，かつ，公益上やむを得ないと認める場合においても，1年を超える期間を定めてその建築を許可することはできない。

〔No. 21〕建築士事務所に所属し,建築に関する業務に従事する二級建築士に関する次の記述のうち,建築士法上,**誤っている**ものはどれか。

1．二級建築士は,一級建築士でなければ設計又は工事監理をしてはならない建築物について,原則として,建築工事契約に関する事務及び建築工事の指導監督の業務を行うことができる。
2．一級建築士でなければ設計又は工事監理をしてはならない建築物の新築に係る設計をした二級建築士は,1年以下の懲役又は100万円以下の罰金に処せられる。
3．二級建築士は,他の二級建築士の設計した設計図書の一部を変更しようとする場合において,当該二級建築士から承諾が得られなかったときは,自己の責任において,その設計図書の一部を変更することができる。
4．二級建築士は,勤務先の名称に変更があったときは,その日から30日以内に,その旨を,免許を受けた都道府県知事及び住所地の都道府県知事に届け出なければならない。
5．二級建築士は,5年ごとに,登録講習機関が行う所定の二級建築士定期講習を受けなければならない。

〔No. 22〕次の記述のうち,建築士法上,**誤っている**ものはどれか。

1．二級建築士は,鉄筋コンクリート造3階建て,延べ面積100m^2,高さ9mの建築物の新築に係る設計をすることができる。
2．建築士事務所の登録は,5年間有効であり,その更新の登録を受けようとする者は,有効期間満了の日までに登録申請書を提出しなければならない。
3．建築士事務所の開設者は,当該建築士事務所の業務の実績等を記載した書類等を,当該書類等を備え置いた日から起算して3年を経過する日までの間,当該建築士事務所に備え置き,設計等を委託しようとする者の求めに応じ,閲覧させなければならない。
4．建築士事務所を管理する専任の建築士が置かれていない場合,その建築士事務所の登録は取り消される。
5．建築士事務所の開設者は,委託者の許諾を得た場合においても,委託を受けた設計又は工事監理の業務を建築士事務所の開設者以外の者に委託してはならない。

〔No. 23〕イ～ニの記述について,「高齢者,障害者等の移動等の円滑化の促進に関する法律」上,**正しいもののみの組合せ**は,次のうちどれか。

イ．建築物移動等円滑化基準において,移動等円滑化経路を構成する敷地内の通路の幅は,120cm以上でなければならない。
ロ．建築物移動等円滑化誘導基準において,多数の者が利用する全駐車台数が200の駐車場には,3以上の車いす使用者用駐車施設を設けなければならない。
ハ．建築物移動等円滑化誘導基準において,建築物又はその敷地には,原則として,当該建築物又はその敷地内の移動等円滑化の措置がとられたエレベーターその他の昇降機,便所又は駐車施設の配置を表示した案内板その他の設備を設けなければならない。
ニ．建築主等は,特定建築物の建築をしようとするときは,特定建築物の建築等及び維持保全の計画を作成し,国土交通大臣の認定を申請することができる。
1．イとロ
2．イとハ
3．ロとハ
4．ロとニ
5．ハとニ

〔No．24〕次の記述のうち，**誤っている**ものはどれか。

1．「長期優良住宅の普及の促進に関する法律」上，長期優良住宅建築等計画には，住宅の建築に関する工事の着手予定時期及び完了予定時期を記載しなければならない。
2．「長期優良住宅の普及の促進に関する法律」上，長期優良住宅建築等計画の認定を受けようとする住宅の維持保全の期間は，建築後30年以上でなければならない。
3．「住宅の品質確保の促進等に関する法律」上，新たに建設された，まだ人の居住の用に供したことのないもので，建設工事の完了の日から起算して2年に満たない住宅は，「新築住宅」である。
4．「建築物の耐震改修の促進に関する法律」上，建築物の耐震改修の計画が建築基準法第6条第1項の規定による確認を要するものである場合において，所管行政庁が計画の認定をしたときは，同法第6条第1項の規定による確認済証の交付があったものとみなす。
5．「民法」上，境界線から1m未満の距離において他人の宅地を見通すことのできる窓又は縁側を建築物に設ける場合，原則として，目隠しを付けなければならない。

〔No．25〕次の記述のうち，**誤っている**ものはどれか。

1．「景観法」上，景観計画区域内において，建築物の外観を変更することとなる色彩の変更をしようとする者は，あらかじめ，行為の種類，場所，設計又は施行方法，着手予定日等を景観行政団体の長に届け出なければならない場合がある。
2．「建設業法」上，建築一式工事にあっては，工事1件の請負代金の額が1,500万円に満たない工事又は延べ面積が150m²に満たない木造住宅工事のみを請け負うことを営業とする者は，建設業の許可を受けなくてもよい。
3．「宅地建物取引業法」上，宅地建物取引業者は，建物の売買の相手方等に対して，その契約が成立するまでの間に，宅地建物取引士をして，所定の事項を記載した書面等を交付して説明をさせなければならない。
4．「都市計画法」上，都市計画施設の区域又は市街地開発事業の施行区域内において，地上2階建て，延べ面積150m²の木造の建築物の改築をしようとする者は，都道府県知事等の許可を受けなければならない。
5．「建築物のエネルギー消費性能の向上に関する法律」上，建築主は，自動車車庫の用途に供する建築物を新築しようとするときは，当該行為に係る建築物のエネルギー消費性能の確保のための構造及び設備に関する計画を所管行政庁に届け出る必要はない。

A
B
C
D
E
F
G
H

[No.]	解答	解説
1	(1)	法第2条八号により，外壁又は軒裏に必要とされる性能が「防火性能」。
2	(4)	法第6条第1項三号により，木造以外で2以上の階数を有するものは確認済証が必要。
3	(1)	イ．施行規則第1条の3表1による　ロ．令第9条1号による
4	(1)	令第20の3第1項第二号により，延べ床面積が100m² 以内ではないので，適合しない。
5	(3)	令第20条の8第1項第一号イにより， Vr＝ n Ah＝0.3×（26+2+10）×2.5 　　＝28.5m²／時
6	(1)	令第45条第2項により，圧縮力を負担する筋かいは，厚さ3cm 以上で幅9cm 以上の木材を使用しなければならない。
7	(4)	1階の柱の小径の最小値　令第43条第2項により 13.5cm 2階の柱の小径の最小値　令第43条第1項により 3.2×1/30×100＝10.6cm 3階の柱の小径の最小値　令第43条第1項により 2.5×1/33×100＝8.3cm
8	(4)	令第67条第1項により，接合される鋼材がステンレス鋼の場合は，高力ボルト若しくは溶接接合，又はこれらと同等以上の効力を有するものとして国土交通大臣の認定を受けた接合方法でなくてはならない。
9	(5)	法27条第3項一号，法別表第1により当該建築物は耐火建築物又は準耐火建築物としなければならない。
10	(5)	令第121条第1項五号により，また主要構造部が不燃材料で作られている場合は第2項による。
11	(4)	令第128条の4第1項二号により，他の選択肢は令第128条の4第1項一号による。
12	(1)	法第42条第1項による。
13	(2)	法別表第2（ろ），令第130条の5の2第五号により、延べ面積が150m² 以内ではないので，適合しない。
14	(5)	法第91条により，用途制限は過半の地域の制限を受けるので，第一種住居地域の規制を受ける。 法別表第2（ほ）より，ぱちんこ屋は不可。
15	(5)	令第2条第3項により，宅配ボックス設置部分の限度は 1/100
16	(3)	法第52条第3項により，地階を有する住宅のうち，住宅の用途に供する部分の床面積の1/3を限度に算定しない。 住宅面積　60+30+60＝150　×1/3＝50 よって　60+60+90+30+60−50＝250m²
17	(3)	法第56条により， 南道路斜線　（4+8+4+4）×1.25＝25 北道路斜線　（4+1+4+6+1）×1.2＝20 隣地斜線　　20+（4+4）×1.25＝30
18	(2)	法第55条，56条により，天空率の緩和は道路斜線，隣地斜線，北側斜線の3つで絶対高さは緩和されない。
19	(1)	法第65条より，外壁が耐火構造の場合は境界線に接して設けることができる。
20	(4)	法第6条の四号建築物の場合，法第87条にしないため建築設備としての昇降機の確認済証は不要。
21	(5)	士法第22条の2，施行規則第17条の36により，建築士事務所に所属する建築士は3年ごとに講習を受けなければならない。
22	(2)	士法第23条，施行規則第18条より，有効期限満了の30日前までに更新しなければならない。
23	(2)	イ．令第18条第2項第七号による　ハ．令第20条による
24	(3)	法第2条第2項により，1年を経過したものは新築住宅から除外される。
25	(4)	法53条第1項第一号，令第37条より，木造で階数2以下，地階を有しない改築は許可不要。

条文逆引きインデックス

法規の条文で使われている語句，本書で使っている語句から法規の条文，本書の頁を検索できる。
法規の条文中にないが，一般的に使われる語句で本書で使っているもの → 該当条文無し，頁番号有り
本文にないが重要と思われるもの　　　　　　　　　　　　　　　 → 条文有り，頁番号無し
凡例
法：建築基準法　　令：建築基準法施行令　　法表：建築基準法別表
令 112-12　→ 令第 112 条第 12 項
☞　→ 同義の語句
頁　→ 本文の頁番号

語句	条文	頁
あ		
あっしゅくざいのゆうこうほそながひ（圧縮材の有効細長比）	令 65	42
いしゅようとくかく（異種用途区画）	令 112-18	53
いちじかんじゅんたいかきじゅん（1 時間準耐火基準）	令 112-2	51
いてん（移転）	法 2- 十三 ,6-2,7 の 6	9
えんしょうのおそれ（延焼の恐れ）	法 2- 六 , 令 110 の 2	12
おくがいかいだん（屋外階段）	法 2- 五 , 令 23,121 の 2	79
おくがいのひなんかいだん（屋外の避難階段）	☞避難階段	
おくじょうひろばとう（屋上広場等）	令 13- 二 ,85（8）,122-2,126	95
おくないのひなんかいだん（屋内の避難階段）	☞避難階段	
おどりば（踊場）	令 23,24,25	80
おびきんひ（帯筋比）	令 77- 四	43
か		
かいすう（階数）	法 92, 令 2- 八	
かいだん（階段）	法 36, 令 23,24,25,26,27,120,121	79
-- のはば（の幅）	令 23,25,124	80
-- のてすり（の手すり）	令 23-3,25,129 の 9 五	81
-- にかわるけいしゃろ（に代わる傾斜路）	令 26	81
かいちく（改築）	法 2- 十三 , 6-2,7 の 6	8
かいひなんあんぜんけんしょうほう（階避難安全検証法）	令 129, 129 の 2	101
かいひなんあんぜんせいのう（階避難安全性能）	令 129, 129 の 2	101
かいへき（界壁）	☞共同住宅の界壁	
かきしようしつ（火気使用室）	☞内装制限を受ける調理室	
かくにんしんせい（確認申請）	法 6, 6 の 2,6 の 4	25
かくにんすみしょ（確認済証）	法 6, 6 の 2	
かくへき（隔壁）	令 114-3,129 の 2 の 4 七	55
かじゅう（荷重）	法 20, 令 1 三 ,36 の 3,83	31
かぶりあつさ（かぶり厚さ）	☞鉄筋のかぶり厚さ	
からぼり	令 22 の 2 の一	76
かんきこう（換気孔）	令 22	75
かんきせつび（換気設備）	法 28,28 の 2 三 ,	

な

演習問題　解答とワンポイント解説

P15
1 （1）法第2条第五号より土台は主要構造部ではない。
2 （1）法第2条第十三号より建築には該当しない。
3 （4）令第1条第四号よりれんがは耐水材料に該当。
4 地階に該当　　解法を参照

P20
1 38.0 ㎡　　　解法を参照
2 108 ㎡　　　解法を参照
3 8m　　　　　解法を参照
4 3　　　　　　解法を参照
5 0.5m　　　　解法を参照
6 敷地面積　　105.0 ㎡
　建築面積　　45.0 ㎡
　延べ面積　　114.0 ㎡
　高さ　　　　13 m
　階の数　　　　4

P27
1 （4）飲食店は法別表第1(1)欄の特殊建築物に該当するため，法第6条第1項第一号より必要。（200m²超の特殊建築物への用途変更）
2 （5）法第6条第1項第三号により，鉄筋コンクリート造・階数2の建物は延べ面積に関係なく確認済書の交付が必要。
3 （3）法第7条の4第6項により特定行政庁に提出。

P34
1 （4）法第20第条1項第三号，法第6条第1項三号による。
2 （1）令第84条による。仕上をモルタル塗としたコンクリート造の床の固定荷重は，実況に応じて計算しない場合，当該部分の床面積に200N/m²を乗じて計算しなければならない。
3 （3）令第85条表(は)(8)により，(4)の数値によるので，1,300N/m²となる。

P40
1 （3）地震力に対して必要な壁量<風圧力に対して必要な壁量となるため，風圧力に対して計算する。
　　　L（最小限必要な軸組長さ）
　　　=｛(10×1)+(2.5+2.85-1.35)×10｝×50
　　　=2500

B（倍率）→4.5×9cm筋かいは2.0
2500≦L×B　　∴　L≦1250

P44
1 （1）令第62条の8第1項により，高さ2mを超える壁の厚みは15cm必要なため。
2 （3）令第66条において，柱の脚部を基礎にアンカーボルトで緊結する規定は，滑節構造である場合は緩和される。

P56
1 （5）1：令第112条第11項による
　　　2：令第112条第20項による
　　　3：令第113条第1項第二号，令元国交告197号による
　　　4：令第114条第3項による
　　　5：法第26条による
2 （3）1：令第112条11項による
　　　2：法第26条による
　　　3：令第112条18項による
　　　4：令第113条1項四号による
　　　5：令第112条20項による

P63
1 （5）法第28条，令第20条により
　　　｛(X-0.5)÷5×6-1.4｝×4≧28×1/7
　　　X≧2.5
2 （2）令第20条により，
　　　(2.5/5.0)×6-1.4×4=6.4

P69
1 （1）令第20条の3第1項第三号により，調理室は除外されている為，発熱量に関わらず換気設備を設けなければならない。
2 （5）浴室の給湯器は屋外にあるため，換気は不要である。

P74
1 （2）令第20条の8により
　　　Vr=0.3×(24+2+2+10)×2.5=28.5
2 （3）令第20条の7第1項第二号による。

P77
1 （4）天井に勾配がない部分の体積
　　　｛(3×6)+(6×4)｝×3=126m³
　　　勾配天井の部分の体積
　　　｛(1×3)/2+2×3｝÷3=2.5
　　　(3×6)×2.5=45m³
　　　∴平均の天井の高さH
　　　=(126+45)/(42+18)

=2.85m

2 （4）1室で天井の高さが異なる部分がある場合においては，その平均高さによる。同断面が連続している場合は，断面積をスパン（張間方向の長さ）で割れば平均の天井高さが出る。
A：(2.5×2.5×3.14÷2)÷5=1.9625
居室であるため，2.1m以上。→不適合
B：(6×2+2×3)÷8=2.25 →適合
C：居室ではないため，天井の高さの制限はない。→適合

P82

1 （5）令第23条，令第25条による。階段には手すりを設けなければならない。
2 （5）令第23条第3項により，手すりをないものとみなしてよい幅は，10cmまでである。
3 （4）令第26条により，階段に代わる傾斜路の勾配は1/8を超えてはならないため。

P84

1 （5）令第20条第1項により，「川等の幅の1/2だけ隣地境界線の外側にある線」とするため。
2 （4）令第20条の3第1項二号により，調理室の床面積の1/10以上の有効開口面積を有する開口部を設けた場合に換気設備が緩和されるため。

P89

1 （5）令第128条の4により学校等の用等は，規模構造に関らず内装制限は受けない。
2 （3）令128の4第1項第二号による。自動車車庫は原則として面積や構造に関係なく，内装制限がかかる。

P95

1 （3）令第121条第1項第五号，同第2項による。主要構造部が不燃材料で造られているものは，宿泊室の床面積が200㎡を超えなければ，2以上の直通階段は不要である。

P100

1 （3）令第121条第1項第六号ロによる。避難階の直上階である2階の面積が200㎡を超えていないため，2以上の直通階段は不要である。
2 （1）令第128条の4第1項第二号による。

P102

1 （3）令第126条の6第1項第一号による。非常用エレベーターを設置している場合，非常用進入口の設置は不要である。

2 （1）令第121条第1項第一号。床面積の合計が1,500㎡を超えないため。

P108

1 （2）イ：法第43条のただし書に該当しない。
ハ：法第43条のただし書，規則第10条の2の2から，農道でも特定行庁の許可があれば可能であるが，本問では断りがないため建築できない。
2 （4）法第43条第1項の除外事項に地区計画外の自転車歩行者専用道路は該当しない。

P114

1 （5）法別表第2（ち）項，（り）項第二号の括弧書より新築可能。
2 （2）法別表第2（い），（ろ），令第130条の4による公益上必要な建築物に該当しない。
3 （2）法別表第2（ろ）項第二号，令第130条の5の2第五号より，150㎡の学習塾（2階）は新築可。

P119

1 106.25% 解法を参照
2 （5） 令第2条第3項第一号

P123

1 37.5% 解法を参照
2 （1）法第53条第1項第四号，同第5項第一号により，建ぺい率制限はない。

P133

1 A点：10.0m 解法を参照
B点：22.5m 解法を参照
2 A点：8.0m 解法を参照
B点：8.0m 解法を参照

P141

1 （4）法第56条第7項により，天空率で緩和できるものに法第55条は含まれない。
2 （5）法第56条第1項第二号，同第7項第二号による。商業地域の天空率の算定位置は12.4mだけ外側の線上の位置とする。

P151

1 （3）建築士法第3条，同第3条の2により，軒の高さは9m以下でなければならない。
2 （2）長期優良住宅促進法第5条第3項により所管行政庁の認定を申請できる。
3 （3）耐震改修促進法第第2条第2項により敷地の整備は含まれる。

【執筆】　永井　孝保（Takayasu NAGAI）
　　　　　1979年 桑沢デザイン研究所インテリア住宅研究科卒業
　　　　　現　　在 ㈱アトリエ・オメガ代表
　　　　　　　　　一級建築士

　　　　　野口　則子（Noriko NOGUTI）
　　　　　1994年 東海大学第二工学部建設工学科卒業
　　　　　現　　在 野口都市建築設計事務所代表
　　　　　　　　　一級建築士

（肩書きは，第五版発行時）

超入門
建築法規−イラスト解説による（第五版）

2016 年　3 月 18 日　初 版 発 行
2016 年　9 月　5 日　改 訂 版 発 行
2019 年 12 月 25 日　第 三 版 発 行
2021 年　3 月 25 日　第 四 版 発 行
2024 年　3 月 13 日　第 五 版 発 行

　　　　　　　　　執筆者　永　井　孝　保
　　　　　　　　　　　　　野　口　則　子
　　　　　　　　　発行者　澤　崎　明　治

（印　　刷）新日本印刷　　（製　本）三省堂印刷
（トレース）丸山図芸社　　（装　丁）永井孝保

　　　　発行所　　株式会社　市ヶ谷出版社
　　　　　　　　　東京都千代田区五番町5番地
　　　　　　　　　電話　03−3265−3711（代）
　　　　　　　　　FAX　03−3265−4008
　　　　　　　　　http://www.ichigayashuppan.co.jp

© 2024　　　　　ISBN978-4-86797-062-1

株式会社 市ケ谷出版社

「初学者の建築講座」「超入門」シリーズのご案内

（2024年3月現在）

●初学者の建築講座シリーズ（本文2色刷）

〔編修委員長〕長澤　泰（東京大学 名誉教授, 工学院大学 名誉教授）

大野隆司（元 東京工芸大学 教授　故人）

- **建築計画（第三版）**　佐藤考一・五十嵐太郎　著

  B5判・200ページ・本体価格 2,800円
- **建築材料（第二版）**　橘高義典・小山明男・中村成春　著

  B5判・224ページ・本体価格 2,900円
- **建築構造設計（第二版）**　宮下真一・藤田香織　著

  B5判・216ページ・本体価格 3,000円
- **建築法規（第五版）**　河村春美・鈴木洋子　著

  B5判・280ページ・本体価格 3,000円
- **建築施工（第三版）**　中澤明夫・角田　誠・砂田武則　著

  B5判・208ページ・本体価格 3,000円
- **建築構造（第三版）**　元結正次郎・坂田弘安・藤田香織・日浦賢治　著

  B5判・192ページ・本体価格 2,900円
- **建築設備（第五版）**　大塚雅之　著

  B5判・216ページ・本体価格 3,000円
- **建築環境工学（第四版）**　倉渕　隆　著

  B5判・208ページ・本体価格 3,000円
- **建築構造力学（第三版）**　元結正次郎・大塚貴弘　著

  B5判・184ページ・本体価格 2,800円
- **建築製図（第3版）**　瀬川康秀　著

  A4判・152ページ・本体価格 2,700円

●超入門シリーズ

- **建築法規（第五版）**　B5判・192ページ・本体価格 2,800円
- **建築製図（第五版）**　A4判・160ページ・本体価格 2,700円
- **建築数理**　A5判・176ページ・本体価格 1,800円